走进大学
DISCOVER UNIVERSITY

什么是设计学？

WHAT IS DESIGN?

李砚祖　朱怡芳　编著

大连理工大学出版社
Dalian University of Technology Press

图书在版编目(CIP)数据

什么是设计学？/ 李砚祖，朱怡芳编著. -- 大连 ：大连理工大学出版社，2023.2

ISBN 978-7-5685-4021-6

Ⅰ. ①什… Ⅱ. ①李… ②朱… Ⅲ. ①设计学—通俗读物 Ⅳ. ①J06-49

中国版本图书馆 CIP 数据核字(2022)第 234239 号

什么是设计学？ SHENME SHI SHEJIXUE?

策划编辑：苏克治
责任编辑：于建辉　周　欢
责任校对：王　伟
封面设计：奇景创意

出版发行：大连理工大学出版社
（地址：大连市软件园路 80 号，邮编：116023）
电　　话：0411-84708842（发行）
0411-84708943（邮购）　0411-84701466（传真）
邮　　箱：dutp@dutp.cn
网　　址：https://www.dutp.cn

印　　刷：辽宁新华印务有限公司
幅面尺寸：139mm×210mm
印　　张：5.625
字　　数：98 千字
版　　次：2023 年 2 月第 1 版
印　　次：2023 年 2 月第 1 次印刷
书　　号：ISBN 978-7-5685-4021-6
定　　价：39.80 元

出版者序

高考，一年一季，如期而至，举国关注，牵动万家！这里面有莘莘学子的努力拼搏，万千父母的望子成龙，授业恩师的佳音静候。怎么报考，如何选择大学和专业，是非常重要的事。如愿，学爱结合；或者，带着疑惑，步入大学继续寻找答案。

大学由不同的学科聚合组成，并根据各个学科研究方向的差异，汇聚不同专业的学界英才，具有教书育人、科学研究、服务社会、文化传承等职能。当然，这项探索科学、挑战未知、启迪智慧的事业也期盼无数青年人的加入，吸引着社会各界的关注。

在我国，高中毕业生大都通过高考、双向选择，进入大学的不同专业学习，在校园里开阔眼界，增长知识，提升能力，升华境界。而如何更好地了解大学，认识专业，明晰人生选择，是一个很现实的问题。

为此，我们在社会各界的大力支持下，延请一批由院士领衔、在知名大学工作多年的老师，与我们共同策划、组织编写了“走进大学”丛书。这些老师以科学的角度、专业的眼光、深入浅出的语言，系统化、全景式地阐释和解读了不同学科的学术内涵、专业特点，以及将来的发展方向和社会需求。希望能够以此帮助准备进入大学的同学，让他们满怀信心地再次起航，踏上新的、更高一级的求学之路。同时也为一向关心大学学科建设、关心高教事业发展的读者朋友搭建一个全面涉猎、深入了解的平台。

我们把“走进大学”丛书推荐给大家。

一是即将走进大学，但在专业选择上尚存困惑的高中生朋友。如何选择大学和专业从来都是热门话题，市场上、网络上的各种论述和信息，有些碎片化，有些鸡汤式，难免流于片面，甚至带有功利色彩，真正专业的介绍尚不多见。本丛书的作者来自高校一线，他们给出的专业画像具有权威性，可以更好地为大家服务。

二是已经进入大学学习，但对专业尚未形成系统认知的同学。大学的学习是从基础课开始，逐步转入专业基础课和专业课的。在此过程中，同学对所学专业将逐步加深认识，也可能会伴有一些疑惑甚至苦恼。目前很多大学开设了相关专业的导论课，一般需要一个学期完成，再加上面临的学业规划，例如考研、转专业、辅修某个专业等，都需要对相关专业既有宏观了解又有微观检视。本丛书便于系统地识读专业，有助于针对性更强地规划学习目标。

三是关心大学学科建设、专业发展的读者。他们也许是大学生朋友的亲朋好友，也许是由于某种原因错过心仪大学或者喜爱专业的中老年人。本丛书文风简朴，语言通俗，必将是大家系统了解大学各专业的一个好的选择。

坚持正确的出版导向，多出好的作品，尊重、引导和帮助读者是出版者义不容辞的责任。大连理工大学出版社在做好相关出版服务的基础上，努力拉近高校学者与读者间的距离，尤其在服务一流大学建设的征程中，我们深刻地认识到，大学出版社一定要组织优秀的作者队伍，用心打造培根铸魂、启智增慧的精品出版物，倾尽心力，服务青年学子，服务社会。

“走进大学”丛书是一次大胆的尝试，也是一个有意义的起点。我们将不断努力，砥砺前行，为美好的明天真挚地付出。希望得到读者朋友的理解和支持。

谢谢大家！

苏克治

2021 年春于大连

前　言

设计是为生活造物的艺术，是创造新生活、创造艺术化生活的艺术，因此，“生活”成为艺术设计的出发点和归属，也成为其本质属性和最根本的特征之一。可以说，艺术设计从其生发到它的功能和最终归属都只属于“生活”，离开了“生活”便无所谓设计；而设计的生活本质，亦使设计本身“生活化”了，成为人类生活文明的象征和艺术化生活的代名词 。包豪斯设计学院教授拉兹洛·莫霍利-纳吉曾说，设计并非一种职业而是一种态度，设计还是媒介，充溢于整个社会的各个角落。

设计作为“日常生活的艺术”，其所指一方面是其本身的造物之美,即日常生活中的设计之物以自身审美性的存在,强化和揭示出日常生活之中的审美需求;另一方面,设计之美从根本上说是统一在日常生活之美中的,其无间断地融入人的日常生活之中,成为人日常生活艺术的一部分,它以物质和审美的精神力量凸显出日常生活之中的理想属性和趋势,这也是设计文化的总体性和基础性的价值和力量。它的社会性存在,反映着人们对幸福和美好生活的向往。

20 世纪 80 年代,中国设计学界在强调设计的功能主义原则,主张抛弃工艺、装饰的羁绊的同时,西方设计学界在探讨后现代设计中装饰之于设计的关系、生态设计、情感化设计、高技术设计等问题。随着中国设计实践的历练、设计理论的建构和设计研究的发展,我们在设计的概念、范畴、理论和方法的方面已经形成了一个中国化的基础。21 世纪,中国的发展不但需要设计,更需要高质量的设计,也需要高素质的设计师队伍。这应从培养高素质、高水平的人才做起,从树立有道德责任感的、面向未来的、开放的设计观做起。

设计具有多元性和开放性,设计学属于研究造物系统的科学,设计师应将真、善、美的创造作为根本职责,这些正是本书想要阐明的核心。通过本书的介绍,希望读者能够了解什么是设计学,设计及设计学的发展、内容及特点,学习并认识设计及设计学对于社会和自身会有怎样的帮助,又有怎样的价值与意义。

编著者

2022 年 7 月

目　录

设计学是什么？

在相当大的程度上，要研究人类便要研究设计科学。它不仅是技术教育的专业要素，还是每个接受教育的人所应学习的核心学科。

——赫伯特·西蒙

▶▶何谓设计？

➡➡设计的概念

设计是人类改变原有事物，使其变化、增益、更新、发展的创造性活动。设计是构想和解决问题的过程，它涉及人类一切有目的的价值创造活动。

设计（Design），在汉语中最基本的词义是设想与计划。

"设"，在汉语中作为动词，有安排、建立、筹划、构筑、陈列、假使等含义，由此复合成设置、设想、设法、设使、陈设、设施、设计等词；"计"，在汉语中动词名词兼用，名词如计谋、诡计等，动词如计算、计议、计划等，计议、计划诸词又有名词的词性，因此，"计"作为动词有计划、策划、筹划、计算、审核等含义。"设计"一词几乎综合和包容了"设"与"计"的所有含义，从而具有较为宽泛的内涵。

作为与英语"Design"对译的词，设计主要指设想与规划。外语教学与研究出版社出版的《实用英汉词典》一书对"Design"的解释是：作为动词，有设计、立意、计划的含义；作为名词，有计划、草图、风格、图案、心中的计划（设想）等含义。"Design"为复合词，由词根"sign"加前缀"de"组成，在英语中，"sign"含义广泛，具有方案、计划、标记、构想等语义，着重标识已成的状态；前缀"de"则含有实施、制作等动态语义，强调组合、重复、肯定、否定等动作行为。因此，"Design"一词的根本语义是："通过行为而达到某种状态、形成某种计划"，是一种思维过程和一定形式、图式的创造过程。

从语源上看，"Design"来源于拉丁语"Designara"，其演变路径是："Designara"（拉丁语）—"Desegno"（意大利语）—"Dessein"（法语）—"Design"（英语）。在数百年中，

"Design"一词的词义内涵和重点不断发生变化，基本上可以分为古典、近代、现代三个阶段。15 世纪前后，意大利语的"Desegno"标识为"艺术家心中的创作意念"，这种意念以草图的方式表现出来，因而，其定义是："以线条的手段来具体说明那些早先在人的心中有所构思，后经想象力使其成形，并可借助熟练的技巧使其现身的事物。"即将艺术家在心中构思的作品现实化。18 世纪，"Design"的词义仍限定在艺术范畴之内，1768 年出版的《不列颠百科全书》对"Design"的解释是："艺术作品的线条、形状，在比例、动态和审美方面的协调。在此意义上，'Design'与'构成'同义，可以从平面、立体、结构、轮廓的构成等诸方面加以思考，当这些因素融为一体时，就产生了比预想更好的效果。"

18 世纪以后，大机器工业的发展及与这种发展密切相连的设计价值的凸显，导致设计观念的变革，真正现代意义上的设计的观念由此而确立起来，"Design"的概念及其语义开始突破美术或纯艺术的范畴而趋于宽泛，其概念犹如《韦伯斯特大辞典》对"Design"的解释。作为动词的含义有：①在头脑中想象和计划；②谋划；③创造独特的功能；④为达到预期目标而创造、规划、计划；⑤用商标、符号等表示；⑥对物体和景物的描绘、素描；⑦设计及计划零件的形状和配置等。作为名词的含义有：①针对某一目的在头脑中形成的计划；②对将要进行的工作预先根据其特征制作的模型；③文学、戏剧构成要素所组成的概略轮廓；④音乐作品的构成和基本骨架；⑤音乐作品、机械及其他人造物各要素的有机组合；⑥艺术创作中的线、局部、外形、细部等在视觉上的相互关系；⑦样式、纹饰等。《牛津大辞典》同样将“Design”的词义分为动词和名词两部分，作为名词的词义，一是心理计划，指思维中形成意图并准备实现的计划乃至设计；二是艺术中的计划，尤其指绘画制作准备中的草图之类。从词源上看，“Design”的名词词义综合了法语 Dessein（计划）和表示素描的 Dessin 两词的结果。作为动词的“Design”，源于拉丁语的“Designara”，一是意味着指示；二是建立计划，进行构想、规划；三是指画草图、制作效果图等。

1974 年第 15 版的《不列颠百科全书》对“Design”又有了更明确全面的解释，“美术方面，设计常指拟订计划的过程，又特指记在心中或者制成草图或模式的具体计划。产品的设计指准备制成成品的部件之间的相互关系，这种设计通常要受到四个因素的限制：材料的性能，材料加工方法所起的作用，整体上各部件的紧密结合，整体对于观赏者、使用者或受其影响者所产生的效果。产品设计图案就是应用艺术作品。在美术中，设计本身就是一种创作过程，而在建筑设计过程中，设计则仅是体现适当观念与经验的简明记录。在建筑工程和产品设计中，艺术性和工艺性有融合为一的趋势，也就是说，建筑设计师、工艺工人、制图员或工艺美术设计师既不能仅仅根据公式进行设计，又不能像画家、诗人或音乐家那样自由设计。在各种艺术特别是艺术教学方面，设计一词含义广泛，是就构图、风格和装潢而言的。用作'构图'解时，设计指物件所具有的各种内在关系的体系(人们以分析的眼光，认为这种体系是脱离物件的部分或整体而孤立存在的)。拉斐尔所作的圣母像的设计，就是取的这个意义。新古典派的设计就是指新古典主义风格的设计。满地花纹设计图案，就是布满一定面积且规律性地反复出现的装饰花样”。这里，“Design”语义的核心，即所强调的是为实现一定的目的而进行的设想、计划和方案之义。设计的范畴不仅扩展到一切创造性的、为相关目的而进行的物质生产，如人造物的领域，还包括文学、艺术等的精神生产领域，甚至包括经济规划、科学技术发展的前景、国家大政方针等诸方面的决策和制定等。只要是为了一定的目的而从事设想、规划、计划、安排、布置、筹划、策划的，都可以说是“设计”，正如赫伯特·西蒙所说：“凡是以将现存情形改变成向往情形为目标而构想行动方案的人都在搞设计。”

由此可见，作为名词的“Design”，最本质的意义是计划乃至设计，即预设一定的目标并为此而建立方案。若对此做进一步的限定，则专指与艺术相关的计划与设计。日本学者利光功指出：“艺术在狭义上意味着美术的观念，Design又特别意味着在绘画、雕刻、建筑、工艺中视觉造型诸构成因素的配置，大约与绘画中的构图(Composition)同义。假若只特别强调这些配置的抽象形式关系，则又意味着意匠或图案。而这些都可以作为Design本来的古典意义，而新的限定是以美和有用性为目标的工业计划乃至设计，是以大工业机械生产为前提的工业设计。”

➡➡设计与意匠

汉语中的“设计”，最早是“计谋”的意思。《三国志·魏书》高贵乡公曹髦传中有“赂遗吾左右人，令因吾服药，密因鸩毒，重相设计”的记载。元代尚仲贤的《气英布》第一折有“运筹设计，让之张良，点将出师，属之韩信”之语，其“设计”是设下计谋之义。清代小说《两交婚》第七回写不满20岁的黎青机巧横生，智计百出，当时黎青对甘颐说，“我能为辛小姐设计耳”，此“设计”为谋划事情，出主意，因此同篇中有策划、划策、计策等同类词。清代文学家李渔所著小说《三与楼》第三回题目是“老侠士设计处贪人，贤令君留心折疑狱”，此设计仍是设下计谋之义。“设计”一词在近现代，设下计谋、算计等层面上的含义已日益淡化，主要指设想与规划。

在文学艺术方面，与设计同义的还有“意匠”一词，从字面来理解，意匠即意图与匠心，指创作中的构思与设想，如唐代杜甫赠画家曹霸将军的诗《丹青引》中有“凌烟功臣少颜色，将军下笔开生面。……诏谓将军拂绢素，意匠惨淡经营中”等句，曹霸为唐代画家，天宝末每诏写御马及功臣，笔墨深厚，神采生动。这里的意匠指绘画开始时的设计与构思、推敲。唐代杨炯《〈王勃集〉序》谓：“六合殊材，并推心于意匠；八方好事，咸受气于文枢。”宋代陆游在《题严州王秀才山水枕屏》一诗中以“壮君落笔写岷嶓，意匠自到非身过”之句，称赞王秀才所画的岷嶓山水，意匠自到非刻意所求，已趋达一种境界。意匠与设计同义，又如清代赵翼游苏州网师园后赋诗赠园主谓：“想当意匠经营时，多少黄金付一掷。”这里的意匠指网师园的设计与建造。

➡➡Design 与工艺美术

20 世纪初，中国的有识之士为发展民族工业、参与国际经济与市场竞争，开始注重产品的装饰与设计，“Design”的现代概念开始引入中国，按照当时的认识与习惯，“Design”被转译为“图案”“美术工艺”或“工艺美术”等词。俞剑华于 1920 年出版的中国第一本设计技法专著《最新图案法》总论中写道：“图案（Design）一语，近始萌芽于吾国，然十分了解其意义及画法者，尚不多见。国人既欲发展工业，改良制品，以与东西洋相抗衡，则图案之讲求，刻不容缓！上至美术工艺，下迨日用杂器，如制一物，必先有一物之图案，工艺与图案实不可须臾离。”俞剑华将 Design 译成了“图案”，这在当时是容易被社会所理解和接受的，当时的所谓“图案”，包括平面的纹饰和立体的设计图样、模型在内。与图案一样，“工艺美术”一词也是标识“Design”的，据现有资料，最早提出“工艺美术”一词的是蔡元培，1920 年蔡元培在《美术的起源》中写道：“美术有狭义的，广义的；狭义的，是专指建筑、造像（雕刻）、图画与工艺美术等。”他注意到当时西方设计的发展以及与经济发展的关系，提出“近如 Morris（威廉·莫里斯，英国艺术与手工艺运动创始人，现代设计之父）痛恨美术与工艺的距离，提倡艺术化的劳动，倒是与初民美术的景象，有点相近。这是很可以研究的问题”。1929 年，曾留学日本的陈之佛先生在《东方杂志》上著文写道：“就美术工艺的本质上考察起来，美术工艺品绝不是和古董品同类的。……工业品是间接地或直接地关切于人类的生活，其目的就是为人类生命的持续而产生的。工艺品是艺术和工业二者要素的部分结合，以人类生活的积极向上为目的的，所以工艺是适应人类日常生活的要素——‘实用’之中，同时又和‘艺术’的作用融合的一种工业活动。”

张德容在 1934 年创刊的《美术生活》上撰文指出：“工艺美术在中国是一个新名词，其实并非一种新事业，已有数千年的历史。”“所谓工艺美术，即实用美术。换言之，凡于日常生活器具之制造上加以美术之设计者，即得谓之工艺美术。所以工艺美术与人类日常生活，是有密切的关系。”从名词上看，设计似乎是一个新名词，但早在人类造物的初期，设计就本质性地存在了，即一切人造物都是设计的产物，都有一个设计的过程。

“Design”与汉语原有词汇“设计”在本质上是一致的，与汉语中的划策、策划、意匠、图案等词义相近。中国汉语“设计”一词的多义使用与“Design”在英语世界中的多义使用的事实几乎遥相呼应，二者都随着时代和环境的变化而增添新的含义。

➡➡一般设计定义举例

设计的定义，因角度和指向等差异，而呈现出多元的面貌。如设计是“一种针对目标的问题求解活动”（阿切尔《设计者运用的系统方法》，1965）；“在特定情形下，向真正的总体需要提供的最佳解答”（玛切特《创造性工作中的思维控制》，1968）；“从现存事实转向未来可能的一种想象跃迁”（佩齐《给人用的建筑》，1966）；“一种创造性活动——创造前所未有的、新颖而有益的东西”（李斯威克《工程设计中心简介》，1965）；“一种复杂的、半科学性的、有功能作用的实践模式”（罗杰·斯克鲁登《建筑美学》，1979）；“作为一种专业活动，反映了委托人和用户所期望的东西；它是这样一个过程，通过它便决定了某种有限而称心的状态变化，以及把这些变化置于控制之中的手段”（雅克斯《设计·科学·方法》，1981）。阿克在《设计研究的本质述评》中认为：“设计像科学那样，与其说是一门学科，不如说是以共同的学术途径、共同的语言体系和共同的程序，予以统一的一类学科。设计像科学那样，是观察世界和使世界结构化的一种方法。因此，设计可以扩展应用到我们希望给予设计者身份去注意的一切现象，正像科学可以应用到我们希望给以科学研究的一切现象那样。”

上述来自设计学者和专家的定义，从各自的角度对设计这一复杂的事物进行归纳和总结，从不同的侧面揭示了设计的本质规定性。由于设计本身的综合性、复杂性、历史性和权变性，其定义必然是相对的、阶段性的、不完整的。

设计定义的阶段性特征实质上是设计发展阶段性的反映，也是人们的设计实践、设计理想乃至对于设计本质认识的一种阶段性反映。设计几乎与人类造物的历史一样古老，在西方，“设计”这个词至少从 15 世纪开始就一直使用着，但其作为现代意义上的一种科学、一门学科，还是工业革命以后的事。工业革命翻开了人类制造业历史上新的一页，为设计的独立与发展奠定了基础。在现代设计史上，一般将 19 世纪末期英国艺术家威廉·莫里斯倡导的艺术与手工艺运动作为现代设计运动的滥觞，将威廉·莫里斯称为“现代设计之父”。20 世纪是设计作为学科成熟和发展的世纪。1907 年德国的第一个设计组织“德意志制造联盟”在慕尼黑成立，作为一个具有影响力和凝聚力的设计组织，其宗旨是“通过艺术家、工业家和手工工人的合作努力，以达到工业化产品的改进”。这一宗旨，也可以理解为20世纪初人们对设计的一种定义，作为设计的理想和一种认知。在“德意志制造联盟”之后，德国重大的设计事件是包豪斯设计学院的建立。包豪斯设计学院是1919年由建筑师格罗皮乌斯在德国魏玛建立的一所真正现代的设计教育院校。包豪斯设计学院的办学宗旨是倡导“艺术与科学技术的新统一”，我们也可以将此看作他们对设计的一种注解和定义。

包豪斯设计学院在教学与设计实践中努力地去实现其办学宗旨，但从实际效果看，包豪斯设计学院的设计仍然属于一种艺术型的设计，这一方面因为包豪斯设计学院的教师队伍是一支以艺术家为主体的队伍；另一方面因为当时人们对设计的认识和需求与今天还有很大差异，设计在形式层面上的追求往往是主要的。在20世纪30年代，西方的设计界都明显表现出这一倾向性，即设计基本上是以艺术为主导的，设计赋予了产品新的形式，通过形式的变换和风格激发人的购买欲望，刺激消费，因此，设计成了20世纪30年代挽救西方世界经济萧条、振兴经济的法宝和工具。美国设计师罗维由此而成为英雄式的人物，美国设计的发展推动了经济的发展，创造了经济奇迹。这一时期人们对设计的关注，主要是对设计形式的关注，因此，设计成了“样式设计”，这也是这一时期设计实际上的经典定义了。

➡➡ICSID 对设计的定义

20 世纪 50 年代，第二次世界大战之后，现代设计中的国际主义风格正处于鼎盛时期。1957 年 6 月，设计界的世界性组织国际工业设计协会联合会（ICSID）成立。1964 年，国际工业设计协会联合会受联合国教科文组织委托，在比利时布鲁塞尔举办的工业设计教育讨论会上，对设计（工业设计）做了如下定义：

“工业设计是一种创造性活动，它的目的是决定工业产品的造型质量，这些造型质量不但是外部特征，而且主要是结构和功能的关系，它从生产者和使用者的观点把一个系统转变为连贯的统一。工业设计扩大到包括人类环境的一切方面，仅受工业生产可能性的限制。”这一定义集中反映了 20 世纪 60 年代人们对设计（工业设计）的认识，也反映了经过几十年的发展，设计从 20 世纪初希望通过美术家与工业家和手工艺人的合作，改进工业产品的初衷，注重产品的造型质量，进而关注结构与功能的关系、物与人的关系，甚至关注到产品与人与自然的关系层面。经过 20 世纪四五十年代现代设计的发展，进入 20 世纪 60 年代，设计发展的良好势头以及在各国经济发展中的重要作用，不仅使得“设计”日益受到重视，而且设计本身的疆域也得到了极大的拓展，“扩大到包括人类环境的一切方面，仅受工业生产可能性的限制”的地步。不难想象，作为设计史上的黄金时代（20世纪五六十年代）的设计，其盛大气象无疑已成为这一时代文化艺术的骄子了。

20世纪60年代既是现代设计的鼎盛时期，又是设计发展的一个转折时期。设计正从现代主义阶段向后现代主义阶段转变。当然，对于“后现代主义设计”，我们既可以理解为不同于现代主义设计的一个历史新阶段的设计，即现代主义之后的设计；又可以理解为现代主义后期阶段的设计。无论如何，设计的变化是毫无疑义的。

进入20世纪80年代，由于设计本身的变化，其内涵和定义肯定会随之而改变。1980年国际工业设计协会联合会在巴黎举行的第十一次年会上把这一定义修改为：“就批量生产的工业产品而言，凭借训练、经验及视觉感受而赋予材料、结构、形态、色彩、表面加工及装饰以新的品质和资格，叫作工业设计。根据当时的具体情况，工业设计师应在上述工业产品全部侧面或其中几个侧面进行工作，而且，当需要工业设计师对包装、宣传、展示、市场开发等问题付出自己的技术知识和经验以及视觉评价能力时，这也属于工业设计的范畴。”

这是一个被广泛接受的定义，从内容来看，第一，它表明了设计的创造性质和意义；第二，注重产品的内部结构、功能和外观形态的统一；第三，定义了设计师的工作范围和职业要求，尤其对从业者的素质做出了明确的规定，强调了设计师对于设计的重要作用。这是 1964 年的定义中所没有涉及的一个重要方面。从设计师从事设计工作的范围而言，设计师不仅需要从产品本身即产品的材料、结构、形态、色彩、表面加工、装饰诸方面运用智慧和付出努力，如果有必要还必须在包装、产品展示推广、市场开发诸层面上积极参与，全方位地介入设计、生产、销售的各个环节，可谓是“全面负责”。从设计师的职责和素质而言，该定义强调了设计师通过训练而获得的技术知识和技能、经验的重要性，更强调了设计师素质的重要方面：视觉感受能力和视觉评价能力。优秀的设计是设计师综合素质的产物，其独特的视觉感受能力和视觉评价能力是其关键之处。

➡➡设计定义的开放性

20 世纪 60 年代以后，后现代主义设计思潮逐渐成为设计的大潮，设计不仅扩展了自己所涉及的范围，更重要的是设计观念的重大变革、设计主旨的重大变化。20 世纪 80 年代以来席卷全球的信息革命浪潮，使人类社会开始步入“数字化时代”。信息高速公路、网络、计算机的普及,不仅置换了设计工具,还改变了整个人类社会的生活,同时,也催生了信息艺术设计之类的新设计专业;而生态问题、可持续发展观念,则使设计从过去造物的圈子中走出,被纳入一个包容自然和人类社会的整体世界之中;生态观、可持续发展观赋予设计新的使命和新的视角,也赋予了新的含义。由此,设计开始了新一轮革命性的改造,原有的设计定义也开始受到颠覆:原先作为制造的“设计”,变成了数字化的虚拟制造的设计;与物质设计并列的是非物质设计;……设计本身的疆域进一步拓展,设计的观念不断变革,学科交叉日渐增多、日趋复杂,区域性设计乃至社会性设计日显重要,设计走向多元化,因此,设计的定义也就更加难以界定,但也更需要重新界定。

如美国设计师布鲁斯·克莱斯顿说,20 世纪 90 年代设计进入了一个创造力的新时代,这里,创造力不再是华而不实的,它是竞争的入场券。创新的设计和产品、新方案已成为新的全球经济推动力,成功的产品都融入了一定程度的热情和感召力。由此,工业设计亦将不断扩展其范围:“其任务将是再次将艺术和科学在产品设计中的应用连接起来。它能破译我们满足需要的无声的激情。

新时代的产品将满足我们对于兴奋、刺激和功能性的渴望。产品必须是既有趣、迷人又有用。”布鲁斯·克莱斯顿的认识虽然不是严格意义上的定义，但它确实有代表性地道出了当代设计内涵的转变。

艺术与科学的统一在当代设计中被赋予了更多的内涵，也超越了包豪斯设计学院所赋予的意义。从20世纪末设计界的评选即能清楚地看到这种变化。以美国优秀工业产品设计奖评选为例，1995年的评奖标准还倾向于产品的功能，仍带有显见的功能主义色彩；1996年的参选作品中包括了博物馆等公共文化场馆设施的产品，这些产品大都是交互式设计的产品，评选标准既要求有高科技，又要求有较高的艺术设计水准，在信息的传达过程中体验美学的意境；1997年的评奖更加强调了科学与艺术的结合，使功能与美更趋统一，在高科技的条件下，设计之美获得了越来越高的尊严，而且是在无损功能的情况下。如苹果公司的便携式计算机设计、柯达公司的运动型相机等，既有卓越的功能又有优美的造型设计。1997年的评奖还增加了“设计创意奖”，展示设计的前瞻性理念。如获奖的以纯粹形式表现的“办公室创意”设计，其设计理念完美地融合了混沌理论、神经科学、组织管理科学和美学诸多学科，成为理念设计的典型之作，代表了办公家具新的发展方向。这一切都标志着设计的内涵与外延的变革，设计再也不仅仅是产品的问题，而是人们生活、工作不可分离的一部分。正如意大利设计大师埃托·索特萨斯所说："设计是一种研讨生活的途径。是研讨社会、政治和设计本身的途径。说到底，它是建造一种关于生活形象的途径。"

日本著名设计师荣久庵宪司认为工业设计的作用之一是通过工业展示生活文化形象并创造其具体形式，从而使生活得到改善，工业获得推动力。产品设计将艺术和工艺精神带给了现代工业并和成熟的工业技术一道对人类的生产、生活发挥作用。因此，荣久庵宪司给出的设计定义是："设计是一种实际工作，涉及物质生产的整个过程，在使用、废弃、再生产的循环过程中创造文化内涵。它通过独特的创造赋予事物人文主义、社会、艺术、工业、经济的内涵，以此创造与物质相关的体系。"

上述设计的定义，从产品扩展到产品存在的环境、产品服务的对象、社会以及产品本身在这种关系中所形成的文化性等众多的层面上，从而也导出了与此密切相关的设计生态、设计文化、设计经济、非物质性等概念和意义。

飞利浦设计中心全球设计总监斯丹法诺·马扎诺将设计定义为一种政治法案。他说："设计即政治法案。每一次我们设计某个产品，就是在为世界向何处去发表声明。因此，我们务必不断反问自己：我们正在设计的产品贴切吗？有没有环保责任？我们所选择的解决方案是政治决策，而不是设计决策，而且政治决策正变成全球性的力量。"设计师的设计意味着世界的去向，意味着某种政治决策，这不仅是对设计的定义，而且是对设计责任的定义，更是设计师对设计责任的最深刻的解说。

法国学者马克·第亚尼在《非物质性主导》中这样概括在上述社会变化中设计的改造与被改造、创建与被创建：基于一个制造和生产物质产品的社会向一个基于服务的经济型社会（以非物质产品为主）的转变，"设计立即变成一项比不久之前更为复杂和更加多学科的活动"，"我们正在从一个讲究良好的形式和功能的文化转向一个非物质的和多元再现的文化"。这种文化，必然导致设计的变更和其原有定义的消解。诚如马克·第亚尼所提示的那样："在完成某些人工任务时，反而使用自动化的机器和设备；程序化的设计却在追求情调价值，提倡能引起诗意反应的物品；在新巴洛克、后现代主义的产品设计中，统一的样式被打破，其各个部分与语言波长同步，却又与整体的波长不同”，以至于“人与产品建立一种关系的过程已经成为一个更大的设计领域的重要组成部分”，进而超越产品的普及性和变化性，使产品变成“自我时尚”技术的产物；甚至“设计者的作用不是创造作为结构支持物的新产品，以服务于一个非物质文化，而是维持一个绝对可靠的环境”。

面对如此多元、如此变化，也如此复杂的状况，一方面我们需要继续对这些变化加以认识，探索设计的内在含义；另一方面，任何定义总是相对的，本书仍采取较为宏观的方法对设计予以定义，即开篇所谓：设计是人类改变原有事物，使其变化、增益、更新、发展的创造性活动。设计是构想和解决问题的过程，它涉及人类一切有目的的价值创造活动。

▶▶设计学：研究人造物系统的科学

设计学科中对人造物的研究，是设计研究的一部分。研究人造物是为了更好地造物，诚如研究设计，是为了更好地设计一样。赫伯特·西蒙曾将设计科学界定为研究人造物的科学，他认为，人造物的特有性质表现在它内部的自然法则与外部的自然法则薄薄的界面上：“人工界恰恰集中在内部环境与外部环境的这一界面上，它关心的是通过使内部环境适应外部环境来达到目标。要想研究那些与人造物有关的人，就要研究手段对环境的适应是怎么产生的——而对适应方式来说，最重要的就是设计过程。专业学院只有发现一门完整的设计科学，才能有充分的资格重新担负起专业责任。这样一门设计科学是关于设计过程的学说体系，它在知识上是硬性的、分析的、部分可形式化的、部分经验的、可传授的。”他不仅把设计科学作为技术教育的专业要素看待，而且作为人类知识的核心学科，通过研究设计科学来研究人、了解人。

当然，赫伯特·西蒙提出的设计科学与作为学科的设计学科还有区别，一方面设计科学是对人类设计的一种定性，将设计归入科学的范畴；另一方面设计科学是设计学科的基础和主要内容。二者有重叠和包容的地方，其区别从字面上来简单了解，即一是从科学角度，二是从学科角度，指称着同一对象——设计。有时二者的界限又是模糊的，以致与设计研究等都有重叠和边界不清的地方。但是，这也从不同角度为我们揭示了设计学科的一些特定内涵。

➡➡“阿克体系”

英国皇家艺术学院设计研究系的布鲁斯·阿克教授

在对现代设计研究领域做了归纳后，提出了设计研究范围的十个主要方面。

(1)设计历史学：研究设计领域中曾经发生过的事件及事件间的关系；

(2)设计分类学：研究设计领域中的现象分类；

(3)设计技术：研究属于设计领域的系统或事物的运动原理；

(4)人类设计行为学：研究设计活动、设计活动的组织和机构的本质；

(5)设计建模：研究人们建立模型、进行模拟和交流设计思想的能力；

(6)设计计量学：研究有关设计任务的度量问题，着重于处理非量化资料的问题；

(7)设计价值学：研究设计领域中的价值问题，特别研究技术价值、经济价值、伦理价值、社会价值和美学价值之间的关系；

(8)设计哲学：研究设计领域中的论证逻辑问题；

(9)设计认识论：研究设计领域中的认识、理解和真理问题；

(10)设计教育学:研究设计教育的原则和实践。

阿克主张将上述十大类研究整合为设计现象学(包括设计历史、设计分类和设计技术)、设计行为学(包括设计技能、设计活动的组织、设计建模和设计计量学)、设计哲理(包括设计逻辑学、设计价值学、设计认识论和设计教育学)三大学科。有学者将阿克对设计研究的归类称为“阿克体系”,这一体系确立的设计研究在一定意义上可以视为设计学科的部分内容。这一体系的不足是,过分局限于规范性方面的陈述与研究,“应当如何设计”是其重点,而对创造性设计的思维活动等则关注不够。

➡➡新体系

20 世纪 80 年代中期,中国学者在总结中外设计科学研究的基础上,提出了一个设计科学的新体系,由以下六个方面组成。

(1)设计哲理:设计意义,设计理性(有限理性说),适应性系统论,设计研究方法论等;

(2)设计技能研究:思维、问题求解和创造性思维的本质,思维机制,关于“设计智能”的探讨等;

(3)设计过程研究:真实的、普通的设计过程模式,设

计过程中的一般搜索(寻找设计方案)策略和控制搜索策略的机制等;

(4)设计任务研究:设计任务的可分解性,设计需要和目标,设计任务的时间范围和空间范围,设计任务的表达、设计组织的管理任务,设计者、委托人关系等;

(5)设计方法研究(设计技术论):设计的形式逻辑,设计方案搜索方法,设计方案评价方法,设计过程组织方法、表达方法,计算机应用等;

(6)其他专题:基于以上设计理论,结合专业设计知识,研究工程设计、组织设计、社会—经济设计(规划)等领域的特殊问题,建立适合培养专业设计人才的普通设计理论课程,探讨设计科学进一步深化发展的途径等。

这一归类体系,比阿克体系有所增益,涵盖面扩大,既注重对规范性的设计内涵的研究,又注重对设计过程中创造性的描述,并由此建立了一个设计哲理居于较高层面,以设计过程、方法、技能研究为主干的设计科学模式,具有一定的启示作用。

设计学科融所有设计研究和设计科学内涵于一体,是系统的关于设计的知识体系。设计艺术学作为广义设计学的一个分支,与其他设计门类一样,具有"设计科学"

的共性特征。赫伯特·西蒙关于设计科学和设计方法学的一些基本理论同样构成了设计艺术学的理论基础。而作为一个相对独立的具有广义艺术性的学科，设计艺术学又更多地与艺术发生联系，它采用艺术设计的方法进行人造物的设计，艺术与科学技术的关系是其基本的矛盾关系，因此，它力求在科学技术与艺术关系的框架内，探讨艺术设计的基本理论和内在规定性。设计艺术学是关于设计艺术的系统的科学知识体系。

▶▶主要分类与范畴

按照我国 1998 年调整后的学科分类目录，设计艺术学作为二级学科与美术学、音乐学等并列，属于一级学科的艺术学，艺术学归属于文学门类。设计艺术学作为二级学科，包含调整前的装潢艺术设计、环境艺术设计、染织与服装设计等曾作为学科方向的一些专业，调整后，设计艺术包含除工业设计之外的所有其他艺术设计类专业。这一学科分类目录是普通高校学科建设的基础。

设计艺术是一门实用型的艺术，包括复杂的内容或对象。世界各国对其的分类和标识有所差别。在 20 世纪 80 年代，“设计”或者“艺术设计”在许多场合被称为“工业设计”，1987 年成立的中国设计方面的专业组织亦定名为“工业设计协会”（筹备之初其称为“工业美术协会”），即所谓的工业设计包括环境艺术设计、工业产品设计、平面设计、染织与服装设计等各类设计。这在其他国家也有相似的情况，如在英国，工业设计指一系列的设计活动，其中包括染织与服装设计，装潢设计，陶瓷、玻璃器皿设计，家具和家庭其他用品设计，室内陈设和装饰设计，以及机械工程产品设计等。在法国，工业设计初始时代称为“工业艺术”，后来才确定为“工业设计”，包括产品设计、产品包装、产品造型，以及城市、社会与视觉传达和环境保持等有关的设计内容。日本的工业设计中还包括园林设计、城市规划之类的内容。

随着现代设计的发展，设计的边界不断拓展，为设计师所关注的设计对象也不断增加和变更，现在设计界普遍倾向于按照设计的差异划分不同的类型，如产品设计、平面设计等。王受之在《世界现代设计史》一书中将设计分为工业设计、平面设计、建筑环境及室内和展示设计、广告策划与广告设计、插图、摄影、电影与电视、时装设计、纺织品设计等九个部分。彼得·戈尔博在《设计管理》一书中将设计分为产品设计、环境设计、信息设计、企业识别设计四个部分。根据中国设计艺术和设计艺术教育的实际，本书将设计艺术大致分为五个部分：工业设计

（工业产品及交通工具设计等），平面设计（装潢设计、视觉传达设计），建筑与环境艺术设计、展示设计，广告设计，染织与服装设计。

对于设计，可以从不同角度以不同的方式进行分类，除上述的大类外，每一类还可以细分为若干小类，如建筑与环境艺术设计有都市规划设计、社区规划设计、住宅规划设计、商业建筑设计、住宅建筑设计、室内设计、园林设计；产品设计有汽车设计、家用电器设计、家具设计、文具设计、工具设计等；平面设计有包装设计、企业形象设计、书籍整体设计等。

➡➡工业设计

“工业设计”即工业产品的艺术设计。工业设计一词来源于英文“Industrial Design”，它是在现代工业化生产条件下，运用科学技术与艺术结合的方式进行产品设计的一种创造性方法。这里的工业设计不是工业的机械结构设计，而是工业产品的艺术设计。主要解决在一定物质技术条件下工业产品的功能与形式、结构与符号等的关系，通过产品造型设计将功能、结构、材料和生产手段、使用方式统一起来，实现具有较高质量和审美向度的合格产品的目的。这种设计，既充分考虑了产品的功能价值，又在此基础上充分考虑到审美等价值，产品内在合格的功能结构通过美的艺术设计形式得到自然展现，设计使产品生产合理化，并降低了成本，提高了生产效益，满足了消费者各方面的需求，体现了社会发展进步的必然性。

世界各国对工业设计的理解和界定不尽相同，对工业设计范畴的规定也不一样。中国的工业设计，作为“Design”的同义词，20 世纪 80 年代初曾称为“工业美术”，后来改称为工业设计，随着学科的细化和工业设计、平面设计、室内设计等系科的设置，逐步形成了工业设计专指产品设计的现实。这样，工业设计从分类上看，也就有了广义和狭义的两种范畴，广义的指“设计”，狭义的指现代工业产品的设计。

工业设计的主要品类有：

(1)生活用品类：家用电器、家用机具、饮食器具、家具、照明器具、卫生设备、玩具、旅行用品等；

(2)公共性商业、服务业用品类：计费机具、自动售货机、电话机、通话亭、打字机、公共办公用具、文具、数字化办公设计、清扫设计、医疗器械、电梯、传递设备等；

(3)工业和机械设备类：机床、农用机械、通信装置、仪器仪表、起重设备、传送系统等；

（4）交通运输品类：汽车、自行车、摩托车、轮船、机车，以及其他车辆、飞机及道路照明设施、宇航设备等。

➡➡平面设计（装潢设计、视觉传达设计）

✣✣平面设计

平面设计，来自英文“Graphic Design”一词。1922年美国设计师德维金斯在讲述自己的书籍装帧设计时第一次使用了这个词。第二次世界大战后，设计界开始使用和接受这一术语，在20世纪70年代后，这一术语得到广泛使用。从“graphic”一词的词义看，它包含两方面内容：一是作为形容词，有图形、图示、印刷、书写、绘画、雕刻的含义；二是作为名词，表示“说明性图画或图表”。在设计著述中，它又指版画和印刷术及通过复制手段而传播的图像图形。因此，平面设计又有图形设计、印刷设计、视觉传达设计、装潢设计等不同名称。

平面设计，其设计的对象和范围限定在“二维”的空间维度之中。二维的设计，主要是图形、文字等形象和信息要素的综合设计。其图形既可以是插图、摄影照片、纹样、标志、符号，又可以将整个平面设计作品看作一个完整的图形，用易为人所接受的艺术化的图形方式，传达和表达信息，实际上是一个信息表达和传达的图式系统。作为艺术设计中与三维的产品设计相对应的一个重要方面，它几乎包括了所有二维层面上的设计活动。

平面设计的一个现代特征是与现代印刷技术的结合，在一定意义上，它是近现代印刷技术发展的产物。从设计的本质上看，设计是面向大众的，传播是其本质之一，因而平面设计的传播和大众性至关重要，可以说自古以来即如此。从传播的发展历史来看，传播媒介的发展主要经过了口语形式、书面与印刷形式和现代的电子媒介形式三大阶段。书面、印刷媒介和电子媒介不仅是人类传播信息的主要媒介，还是平面设计的主要传播媒介。印刷是一种复制方式和技术，早在新石器时代，人们已具有印刷复制的意识和追求，如陶器工艺上使用的彩陶拍印即一种印刷技术，中国印玺、早期的封泥印都有相类似的性质，汉代出现的泥金银印花技术，使用模板印刷统一的纹样，这种方式用在书籍的生产中，便产生了书籍的印刷术。中国发明了印刷术，有印刷就有平面设计的存在，因此，在现代工业的印刷产生以前，中国传统的印刷伴生着传统的平面设计活动。现代印刷技术的诞生，使平面设计进入了一个新的发展阶段。而电子媒介的普及拓展了信息传播的渠道，计算机作为设计工具，更是带来了平面设计领域的一场革命：设计手段的变革，使平面设计的构成方式和表现形式甚至图式语言都发生了巨大变化。

现代印刷和复制方式很多，与此相关的平面设计是该领域的主要内容，它包括书籍设计、包装设计、标志设计、企业形象设计、字体设计、招贴及其他出版物的设计等。平面设计是把平面上的几个基本元素，包括图形、字体、文字、插图、色彩、标志等以符合传达目的的方式组合起来，使之成为批量生产的印刷品，并具有进行准确的视觉传达的功能，同时给观众以设计需要达到的视觉心理满足。

包装设计

平面设计，其最终产品不一定就是平面的，如包装设计，在设计和制作过程中往往是平面的，作为包装品时又往往是非平面的。按照已有装潢设计的分类，包装是装潢设计的一个重要领域，是商品进入流通领域的“通行证”。有商品便必须有包装，一个好的包装是一个好的商品完美的整体结构的一部分。包装是商品的外衣，满足的是保护商品、美饰商品、宣传商品、有效存储、方便生产与运输、降低成本、便利销售与使用、增加商品存在价值的需要。包装的基本功能表现在保护功能、便利功能、商业功能、心理功能等方面。为适应各类商品的保护要求，在材料、强度、结构方面都需要有科学精到的设计。便利功能，主要是保障物品在流通过程中对运输、保存、销售、使用的便利；商业功能表现在构造设计上的经济、合理、耐用以及外观设计的有效性；心理功能指商品包装在外观形态下对购买对象所造成的潜在影响，具有一定的指示、引导、说服功能，从而促进销售的进行。

根据内在商品的不同，商品包装可以分为许多类，如食品包装、原料包装、织物包装、文具包装、五金机械包装等，也可以分成工业包装、商业包装等几大类。包装材料以纸品、木材、玻璃、塑料、织物等为基质，不同材料可以呈现出不同的效果。

装潢设计

"装潢"是设计学科中的传统概念，现在仍在使用，如装潢设计、包装装潢等。"潢"原指积水之地，又指用传统工艺方式染纸(用药物染纸以防蛀)，"装潢"原指中国古代书画卷轴的"装裱"。宋代以后，装裱的不仅有书画，锦盒等包装制作也用装裱的方式，即由装潢工匠来完成。装潢后来成为一种包含包装、商标、广告、装裱等工艺在内的设计门类。20世纪30年代后，其装裱的原有意义逐渐消失，成为现代平面设计的同义语，也包含了视觉传达设计的内容。

装潢设计是商品形象建构的重要环节，亦是充分体现商品价值的手段，通过宣传与促销服务，体现出装潢本身强烈的实用目的性，而绝不是为装潢而装潢。当然，实用目的的实现，必须充分考虑大众消费心理和审美需求，因此，装潢设计往往成为最关键的一环。优秀的包装设计，能够激发人们积极的需求，引发购买欲望，实现购买行为，而且为商品和制造者传达商品信息，树立信誉，沟通生产与消费之间的有机联系，最终推动商品经济的发展。商品包装从一个侧面体现出商品生产者的经济水平和设计水平，也是商品竞争的重要工具。

平面设计的实用性，要求设计者从设计的预想计划起，就把作者、媒介、消费者或接受者纳入一个整体系统之中来考虑，而且把可能产生的效益作为预设目标，以时代变革的步伐为节奏，通过现代大众传播媒介将信息以明确、形象、易识别、易记忆的方式传达给受众，并使这种信息的传达在审美的、具有艺术欣赏性的过程中实现，这是平面设计师重要的职责之一。

➡➡建筑与环境艺术设计、展示设计

✣✣建筑与环境艺术设计

建筑与其他设计艺术一样，也属于实用艺术，是设计艺术的一部分。但根据我国现行的学科分类体系，建筑学作为一级学科归属于工学门类，设计艺术学作为二级学科属于一级学科的艺术学，艺术学归属于文学门类，二者虽然有不同的归属，但其设计的本质是一致的。

建筑艺术与环境艺术实际上是不能分割的。环境艺术设计作为一个新兴的设计学科，它所关注的是人类生活设施和空间环境的艺术设计。20 世纪 80 年代以前，这一学科又称作室内艺术设计，主要从事建筑物内部的陈设、布置和装修，塑造一个美的适宜人居住、生活、工作的空间。随着学科的发展，室内设计的概念已不能适应本专业发展的实际和需求，因为其设计领域已不局限于室内空间，而是扩大到包括室外空间环境的整体设计，室外环境包括大型的单元环境设计、一个地区或城市环境的整体设计等多方面。从室内设计发展到室内外环境兼顾的设计，包括公共空间环境的设计；从公共空间环境的设计发展到区域设计进而发展到城市设计。所谓的城市设计，已不仅是对街道、建筑、绿化等做具体的艺术设计，还成为在一个地区乃至整个国家范围内配置空间的一门艺术。环境艺术设计的目的是为人创造出符合人体科学需要、适应人各项活动要求、舒适宜人的空间环境。从室内到室外,从地面、壁面、顶面的处理,到采光、视听、音响、空气交换、气温调节和家具、用具、用品的设置陈设各方面的设计,包括根据整体设计而进行的家具、饰件等的设计制作在内。它是与建筑、园林等密切联系的综合性设计艺术。

从历史而言,室内设计或环境艺术设计并不是现代才出现的,早在人类开始建造住宅的时候,室内设计就已经开始萌芽。人们总是试图按照自己生活、工作的各种需要来布置居室和美化空间环境,从而诞生了与之相适应的各种室内设计、陈设艺术和风格,也诞生了相应的包括园林庭院设计在内的环境艺术设计体系。它在本质和目的性等方面与现代环境艺术设计没有太大的区别。不过,现代环境艺术设计具有现代的特征和科学技术的意义,它运用现代社会科学技术的发展成果来建造更美、更适用、更宜人的空间环境。与旧有的、传统型的陈设艺术相比,现代环境艺术设计更注重现代生活品质,相对淡化了传统陈设艺术中浓厚的社会意识,如在中国明清陈设艺术中,厅堂作为所谓的神圣空间在一定部位常安排有神像、祖先牌位等，依次设置的桌、椅、茶几等符合相应的尊卑次序，不仅礼于祖先圣贤，还有尊卑等位序的内在规定，陈设艺术中的形式之美往往受制于一定的社会意识。而现代室内设计则以舒适和审美为主要目标，一些传统文化的内容被淡化，往往作为一种形式而加以抽象运用。

现代环境艺术设计的一个重要品质就是对环境质量的密切关注。随着现代社会的发展，自然环境日益遭到来自多方面的破坏，环境污染严重，致使生态环境出现危机。这迫使人们对自己的行为和生存做出选择，因而进行科学的、有目的的环境艺术设计成为人类拯救环境、与自然和谐相处的一个十分重要的努力方向。通过环境设计，提高环境质量，创造理想的与自然共处互益的环境，已成为环境艺术设计的中心任务。现代"环境意识"的增强促进了"环境设计"概念的确立和环境设计专业的发展，也对相应的材料产业、家具产业和其他用品的制造提出了来自"环保"的要求。

设计艺术专业的现代环境设计是一种空间环境的整体设计，其涉及面广，装饰手法多样，使用材料丰富。作为一种综合性的设计艺术，它不仅涉及装修等各种工艺，还包括雕塑、壁画、园林、建筑设计、广场设计等方面。作为内部环境的室内设计，是在整个环境系统中与人发生最密切关系的设计，它既有物质方面的要求，又有精神方面的要求，空间的艺术化处置是环境艺术设计的重心所在。从内容上看，它包括空间形象设计、装修设计、室内物理环境设计和陈设设计等方面。空间形象设计是一种空间结构的总体设计，解决空间的尺度、比例、协调等结构问题；装修设计是总体设计的具体实施，按照空间结构的整体规划，进行墙面、地面、天花板、间隔等的装饰处理；室内物理环境设计，解决室内通风、保暖、温度调节等方面的工程性设计，这是保证室内环境质量的重要方面；室内陈设设计包括家具、灯具、织物、艺术陈设品、绿化植物等方面的设计。综合的环境设计创造出一种具有现代文化特征和品位的居住和生活环境，人成为环境的主体，又是自然的一部分，与自然相融而不是相隔，人在人造的环境中得到与自然和谐统一的愉悦与满足。在优秀的设计中，装饰的形式美具有深厚的文化品质和美学价值，实际上是人对某种文化境界的体认和追求。

每个人都生活在一定的环境和空间中，我们工作、生活、居住的所有空间都需要美化和设计。环境艺术设计、室内设计不是简单地刷涂料、铺地板、挂些装饰品就完成了，真正的设计不是表面的装修涂饰，而是一种整体的空间设计与构造，即在一定空间中，合理地处置人与物的关系，创造出一个符合各项功能要求，具有美感和舒适宜人的理想环境。

✣✣展示设计

展示设计本质上也是一种空间结构的设计艺术，与室内等空间的设计不同，其目的不是居住、工作和生活，而是展示。这种展示设计，既可以是博览会一类的展览场馆的展示设计，如美术馆、博物馆的陈列展示，又可以是商场的商品陈列和展示。因而，展示设计的方式不尽相同。

➡➡广告设计

✣✣广告分类

广告设计因广告媒介的不同而有不同的分类，印刷品的书刊、报纸、单页广告，电视、广播、霓虹灯等的电子媒介广告，招贴、看板、幌子、招牌一类的广告，直邮广告，POP广告以及实物或仿真的广告，等等，种类和形式很多。通过印刷而制作传播的广告又可以归入平面设计范畴。因功能不同可以分为商业广告、公益广告、时政广告等；因传播范围不同可以分为国际性广告、全国性广告、区域性广告等；因时间长短不同可以分为新闻性广告、长期广告、短期广告等。

在现代社会，广告日益成为人们政治、经济、文化、生活中不可缺少的一部分。随着大众传播系统的发展、完善，人们的生活便处在了多种信息的接收与反馈的过程之中。因此，广告对人外在生活和内在精神的渗入和影响，连同它在社会活动中的结构和作用，已形成了一种综合性的文化现象。而广告的艺术品质，又使广告本身介于实用与审美的两极之间，成为实用与审美的结合体，一个趋于艺术化又实用化的艺术新形态。

广告是商品经济发展的产物，是生活的镜子，又是人类借助传播媒介展现其社会进步、文化艺术发展的窗口，是大众审美理想的产物。广告作为文化，作为艺术，作为一种经济和商业活动，它对社会和人的影响，比起其他文学艺术作品具有更深刻的渗透力和强迫性。广告从一开始就以争取更多的受众为基础，它不仅具有自己的社会尺度，而且自身亦已彻底社会化了。

广告的概念

所谓广告，最具体也最抽象的定义是“广而告之”。《新华词典》的解释是：“广告是一种用登报、广播、招贴等形式介绍商品、服务性事业等的宣传方式。”在西方，相当于汉语广告一词的 advertising，语源出自拉丁语 advertere 和法文 advertir，含有通知、告知、宣传、引人注意、引导人们的观念和使人们表示赞同等基本意义。随着现代广告的发展，人们从广告的特征、内容、意义等方面对广告做了各种定义和解释。例如，"广告是收费的大众宣传，也是一种诱导行为""广告是非个人的单向的大众传播""广告是通过媒介，将购买所需要的信息提供给人们的一种事务活动""广告是对销售、使用、投票、承认等施加影响的行动""广告是改变公共思想风貌，废旧立新的一种社会性宣传方式""广告是最好的新闻，新闻是最好的广告"，等等。得到西方广告业认可的美国市场营销学会为广告所下的定义是："广告是由可识别的倡议者以公开的付费的做法对产品或服务，甚至是对某项行动的意见或想法进行非人员性的任何形式的介绍。"从大多数的广告定义来看，一般都偏重于广告的商业、经济性宣传以及满足这方面的功能，或限定在市场学等单向领域。

广告包含着社会生活各方面广泛的信息内容，从市场销售到政治宣传、社会运动、人才劳动力招聘、征婚、遗失启事等，使用者从政府、企事业单位、团体到个人，涉及整个社会活动领域。因此，广告的定义应当尽量把握广告的本质特征和根本属性，包含它特定的内涵和外延，从这一意义上说，杜莫尹斯的广告定义显得较为全面，他认为："广告是将各种高度精练的信息，采用艺术手法，通过各种媒介传播给大众，以加强或改变人们的观念，最终引导人们的行为的活动。"这一定义所揭示的广告特质及其内在的张力，与广告发展的历史和实践是相吻合的。

✣✣广告简史

广告是随着市场经济的形成而生发出来的。在中国，早在原始社会后期，人们便开始了物物交换活动。再后来，人们"服牛乘马，引重致远，以利天下"，随着"因井为市"式的集市的形成，叫卖形式的推销活动便有了产生的基础。《韩非子·难一》中有楚人卖矛与盾的故事，也说明了出售矛与盾的楚人是以叫卖声来从事广告宣传的。宋代孔武仲还有"萧条过百五，犹有卖花声"之句，反映的也是市场叫卖活动。叫卖形式的推销活动自日中为市的上古时期开始，至今在市场上仍能见到，是一种流布很广的广告推销活动。店铺门口设以旗帜、灯笼、文字牌匾等广告标识，在中国同样有着悠久的历史传统。《吕氏春秋·审分》高诱注云："里谚所谓'悬牛头而卖马脯'"，和俗语中的"挂羊头卖狗肉"一样，表明在古代市场上，商人还曾以实物来做广告。唐代张籍有“高高酒旗悬江口”，宋代陆游有“酒旆傍堤斜”之句，也是指广告幌子。从广告的广义来看，古代文告之类的官方、民间广告种类繁多。现代意义上的报纸广告开创于1858年，当时的广告以招租、遗失、声明、寻人等人事通告式广告为主。1872年上海《申报》创刊，即开始刊登广告，当时以外商广告居多。随着外国商人的增多，户外广告如招贴、油漆广告牌、电气广告、橱窗广告开始出现在主要大街上。1922年中国无线电公司在上海设立广播电台，以及1925年美商开洛公司在上海设立广播电台，都以商业广告为主要内容。20世纪三四十年代是中国近代广告史上的盛期，有了专门的广告机构，有不少专业从业人员，使用单位对运用广告也相当重视，出现了一些好的广告作品。

现代广告的历史只有百年，但整体意义上的广告历史却是很长的。在西方，广告的历史可以追溯到古希腊、古罗马时期。当时随着物物交换风气的发展，形成了市场，起初几乎所有的广告都是靠声音来传递的，这种叫卖可以说是现代广播广告的先驱。后来出现了专职的叫卖者，或称告示员，公共的布告和私人性质的广告主要依靠告示员和招贴进行传播。12世纪曾公布了专职的叫卖者的法则。1641 年,巴黎城中从事叫卖推销的有 400 余人,这种告示员制度在西方一些国家一直持续到 19 世纪末。古罗马时期街头贴有很多广告,比较盛行的是图书广告,还有作家演讲的广告。庞贝废墟发掘出的资料表明,当时的广告主要是用于选举的推荐书、击剑比赛、信贷,却并没有商业和商品的广告。

英国伦敦博物馆现藏有一张最早的文字广告,这是在底比斯发掘的纸莎草文书中的一份寻人告示,告示要求底比斯善良的市民为捉拿逃亡的男奴隶吉姆而协力合作,并告诉市民有奖赏。告示中的“为诸君定制织造上等好布的织匠巴布”这类表述业已近似于专门广告用语了。城市、市场发达以后,店铺的招牌和各种标志、看板盛行。中世纪广告就以标志为主。在标志上大都以图案、实物等来表示行业。印刷术的发明使广告进入了一个新的发展时期。1597 年在佛罗伦萨第一次出现了报纸,并每周刊发一次商业广告;1600 年初在法兰克福、巴塞尔、维也纳等地也出现了报纸;美国第一份定期报纸是 1690 年的《国内外公共事件报》,创刊号上就刊有广告;1783 年在费城出现了美国的第一份日报《宾夕法尼亚晚邮报》,这表明美国日报时代的开始,广告的传播也进入了一个新发展时期。

1841年,美国第一家广告代理商出现于费城。1887年,美国报纸发行人协会(ANPA)成立,认可广告代理人的代理作用。1905年,美国广告俱乐部联合会成立。现代意义上的广告迄今已有百余年的历史,在这期间广告得到了巨大的发展。以被称为"广告王国"的美国为例,1900年广告费用为5亿多美元,1929年广告费用为34亿美元,1940年广告费用为40亿美元,1960年广告费用为110亿美元,1980年广告费用达547亿美元,1985年广告费用达960亿美元,1986年广告费用突破千亿美元大关。1989年广告费用达1 239亿美元,占国民生产总值的2.37%。但20世纪90年代美国广告业发展几乎停滞,并有所下降,据CMR广告研究报告,2000年广告额为1 045亿美元。

与国外相比较,中国的广告业从20世纪80年代初进入了一个迅速发展时期,到1990年,全国广告额达到25亿元,约有1万家广告经营单位。1996年广告额已达到300亿元,有5万余家广告经营单位,从业人员达到51万人。2000年中国内地广告开支达到861亿元,居亚太地区之首。其中报纸广告额为146.47亿元,有6家报社广告额超过5亿元。

现代广告除了作为产业的一部分获得巨大发展外,

在艺术、科学研究等方面也取得了重要的发展和进步。进入21世纪的当代，特别是互联网信息技术的快速发展，根本性地改变了传统广告业和广告设计的面貌。作为新时代的广告设计师，更应与时俱进地从艺术与科学技术结合的角度把握广告设计的特质，为社会创作出更优秀的广告作品。

➡➡染织与服装设计

✣✣染织设计

染织设计包括印染和织造两部分。从产品看，主要分为纺织品、装饰纺织品和工业用纺织品三部分。印染，可以分为传统印染和现代印染两类：传统印染主要指传统手工方式的印染工艺，包括中国传统的蜡染、扎染、夹缬和蓝印、单色染、多色套印等工艺方式；现代印染主要指利用大工业机械设备的印染。与艺术设计密切相关的主要是印花纹饰的设计，这一类设计以装饰性的纹样为主，传统纹样也常常得到运用；其设计往往根据市场需要而不断推陈出新，而且有很强的地域和流行特征，与整体社会经济和人们的生活水平相适应，生活水平越高，需求越旺盛，印花的种类也就越丰富。在现代印花设计中，除上述的各类纹样外，非纹样的图形也被大量引入印花设计中，使印花织物的设计具有现代艺术的色彩。

织造方面的艺术设计，包括编织（编结）、纺织、刺绣三大类。编织包括地毯、壁毯、壁挂织物、编织服装、编织饰物等；与设计相关的纺织主要是指一些提花织物的纹饰设计；刺绣除传统的手工绣外，现代工业发展出了机绣等大生产工艺，其设计主要是指绣样的设计。在织造方面，设计的重点主要在地毯、壁挂织物方面。因材料不同，有羊毛毯、丝毯和化纤毯的区别，其装饰图样设计并无大的差别。因功用的不同，地毯和壁毯的装饰样式和装饰主题有较大差异。现代艺术对织造工艺的影响，最显著地体现在壁毯样式的变革，而发展成"纤维艺术"，它主要采取缂织的方式表现各种主题纹样和装饰图形；也采用编织等多种方式构造三维作品，成为"软雕塑"一类的作品。传统的纹饰在大机器生产的"机制"地毯、壁毯中也得到广泛运用，而现代图形设计在手工生产的地毯、壁毯中也屡见不鲜。这表明，生产方式与其设计样式并无直接关系。

服装设计

服装设计既是一个古老的行业，又是一个新学科。大机器工业生产使人类的着装进入了"成衣化"的时代。

机制服装不仅有手工缝纫达不到的统一精致的质量，而且可以根据需要，生产出不同系列、型号的服装。从设计上看，服装设计主要有两大类：一类是批量生产的“成衣”设计，如西装、衬衫等；另一类是个性化的单件设计，如各式时装等。

现代服装设计可以说千变万化，不仅有时尚风格、色彩、样式，还有个性化的追求，它是一个民族、国家、地区乃至不同人群生活方式和生活质量的集中体现，也是设计艺术水平的反映。服装材料所涉及的主要是面料，其加工手段变化不大，因此，它给设计师提供了很大的设计空间和艺术想象、表现的余地。不少现代服装设计师的服装设计，已达到了“艺术化”的程度，即优秀的服装设计本身就是一件“艺术品”。现代服装设计的另一个特点是面料选择的多样性带来服装样式的多样性。现代科学技术和现代纺织、印染技术为服装设计提供了越来越多在质量、品质、外观、纹样上各异的面料，使服装成为艺术与科学统一的典型之作。

服装设计的着衣对象是人。适体是服装设计的第一要素，在服装的结构上，要符合人的身体结构和运动特性，穿脱方便，活动自如；第二要素是样式和时尚。后者是设计的主要领域，也是设计师发挥艺术创造力的领域。

▶▶广义设计学的分支:设计艺术学的结构与学科体系

设计艺术学是一门关于设计艺术的科学。设计艺术具有物质和非物质两个层面。在物质层面上,它是人类造物的艺术方式,它创建艺术质的人造物系列。在非物质层面上,它同样采用艺术设计方式,对事物进行筹划、安排,如社会发展规划、城市发展规划等。作为一门科学和学科,设计艺术学是对人类艺术设计实践和成果进行再认识的理论,是关于设计艺术规律的科学体系。

➡➡人造物系统与设计之树

设计艺术是一门实用艺术,在造物的层面上,广泛地涉及人的衣、食、住、行、用的各个方面,它是人造物系统的一个重要组成部分。

人造物系统是人类在自然界创建的"第二自然界",是人生活、劳作、发展的主要系统。把人造物系统与设计的关系做层级结构划分(图 1),可见艺术质的造物即设计艺术处于结构的中间层,人造物的上层是纯艺术类造物,下层是一般性造物品类,从设计角度看,又可以分为"艺术设计"

（中间层）与“工程设计”（下层）两大类。设计艺术是一般造物的上升形态，实用与审美的统一构成了这一造物类型的基本面貌，是与人的生活发生最密切关系的物类。

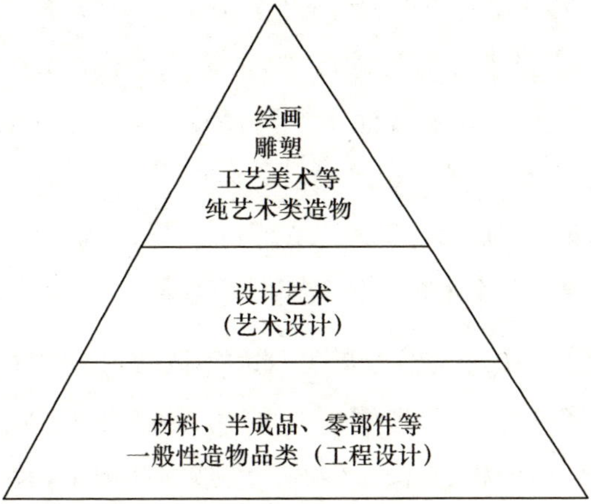

图1　人造物系统与设计的关系

造物类型的划分是相对的，艺术设计与工程设计之间的区别也是相对的。一般认为，工程设计主要解决造物的结构和功能问题，使产品能使用；艺术设计则主要解决产品的形态建构，使产品能销售。但随着生产水平和人们生活水平的提高，几乎所有产品都需要这两大类设计的结合和综合应用，例如一部电话机，既需要工程设计师设计的电子元件，又需要工业设计师赋予产品独特的视觉魅力和造型品质。因此,设计因产品的工程技术和设计艺术的复杂程度而呈现不同的状态,形成了一种“谱系”:从材料、结构、功能、工程(机械工程、电子工程等)起步通向另一端的造型、装饰乃至纯美学领域;从产品的角度看,因技术复杂程度的区别,从染织品设计、平面设计、包装设计到家具及其他工业产品设计,再到建筑设计及复杂的机械、电子工程等设计(如航天飞机等),形成了一个巨大的造物系统和设计系统,这一系统是由无数子系统组成的,彼此之间是联系和互动的。

戴维·瓦尔克从设计发展和不同设计间的相互关系出发,设计了一个造物系统的树形图谱——设计之树(图 2)。树的根、干部是传统工艺技能和理论,包括绘画、陶艺、刺绣等;主枝为平面、流行、产品、环境、工程五类设计,即从以艺术感性为基础的平面及服装等流行物品设计到以科学技术为主体的工程及电子工程设计,三者之间的产品、环境设计在不同程度上将艺术和科学二者结合;在树的最上层,是新兴的专业,如计算机辅助设计和制造等。从整个树形图谱看,传统工艺技术与 CAD 也是关联一体的,即新兴的专业也源自传统的工艺技能和理论。这一棵“设计之树”虽有不少欠缺之处,但它揭示了现代设计与传统工艺设计的承续关系,揭示了设计的多样性和相关性，揭示了设计发展的必然性。

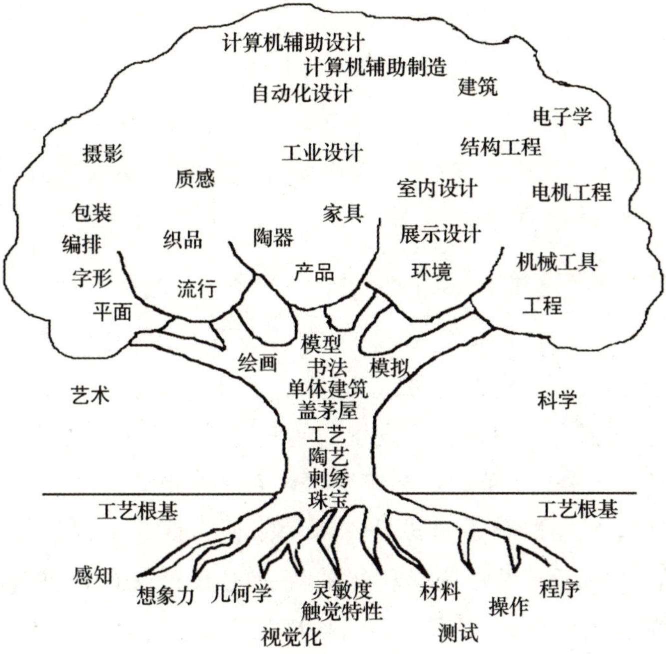

图 2　设计之树①

设计艺术学是广义设计学的一个分支。广义设计学是关于广义设计的科学，它同样以造物为主要对象，是研究“人造物”的科学和学科。

①来源：Walker，D. 1989，引自 Rachel Cooper. Mike press《设计进程》。

一般而言，所有的人造物都具有人类设计的特征，不过，其设计有的是自觉的，有的是自发的、非自觉的，有的出于简单的动机，有的出于高度的审美和文化的追求，设计处在不同的层面上，不同程度的设计也通过不同的造物得以表现。因此，人造物既是设计的对象，又是设计科学研究的对象。

➡➡学科体系

从 20 世纪现代设计的发展和 20 世纪设计艺术教育的发展而言，设计艺术的范畴和分类不是一成不变的，而是一直处于一种变动、发展的趋势之中。一方面是因为科学技术的变革和社会审美风尚及艺术形式的变化，与时俱变、与时俱进是设计艺术的本质特征之一；另一方面，作为一个开放的学科体系，它包括了产品设计、视觉传达设计、染织与服装设计、环境艺术设计等诸多的专业或学科，具有学科群的性质。从威廉·莫里斯倡导的艺术与手工艺运动以来，设计艺术发生了巨大的变化，但真正建立一个完整的学科体系还应考虑诸多因素：世界各国因经济、文化发展的不平衡，其设计艺术的发展，不仅有各自的面貌，水准也有较大差异；设计艺术学科体系的建立不仅有不同的标准，而且处于不同的阶段。我国的现代设计的发展从 20 世纪初起步，至 20 世纪 80 年代，可以说已走完第一步，奠定了一个基础；真正进入发展期是在20世纪80年代以后，可以说设计艺术学科的学科体系的建构才刚刚开始，处于初始阶段，但我们已有了一个相当好的基础。

从设计艺术不同的专业分类和不同的层面上可以建构不同的学科体系和确立不同的学科重心，如工业设计专业可以建构以产品设计为核心的学科体系；视觉传达设计专业可以建构以平面设计为核心的学科体系。而从整个设计艺术学科体系的建构而言，初步设想了以下架构。

四大主导专业

以产品设计、染织与服装设计、视觉传达设计（平面设计）和环境艺术设计为四大主导专业，作为设计艺术大系统的子系统，构建各自的学科体系，形成设计艺术大系统的核心层面。

这里的产品设计，与现行的作为专业或专业系的“工业设计”类似，但包括了家具、新兴信息产品等，集中和典型地反映了现代大工业生产的时代特征和面貌；视觉传达设计又可称为平面设计，包括电子媒介的视觉传达设计、广告设计等内容；环境艺术设计，以室内设计为主体，包括室外环境及景观设计、展览、展示设计等内容；染织与服装设计中的染织设计包括印染和织造，其产品主要有纺织品、装饰纺织品和工业用纺织品三部分，而服装设计则包括批量化的成衣设计和个性化的各式时装设计。

✣✣六位一体

以上述四大主导专业为主体，形成包括手工艺术设计、装饰艺术设计在内的六位一体的设计艺术学科系统(图 3)。

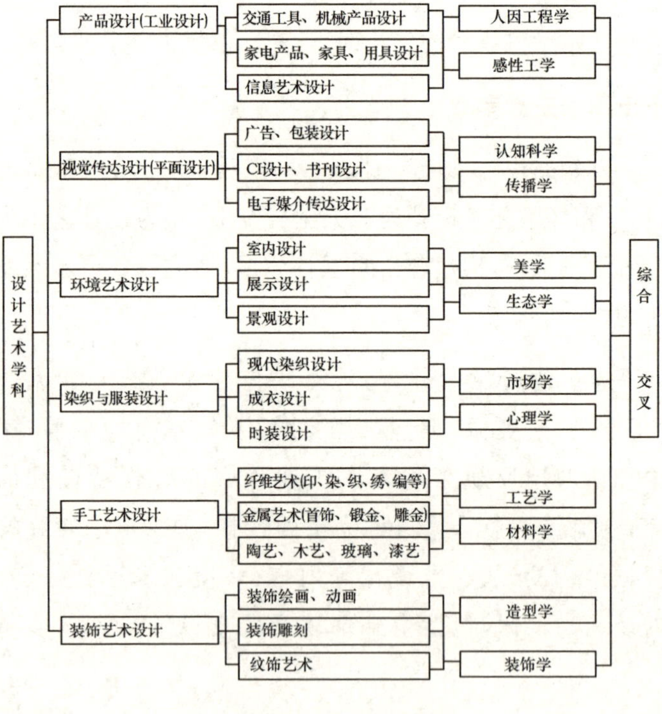

图 3　设计艺术学科系统

手工艺术设计，包括历史和传统形态的手工艺术设计，也包括当代的民族民间工艺设计和非民间的现代手工艺术设计。装饰艺术设计，其实质有些模糊，具有边缘和交叉的性质，它既存在于手工艺术设计、民族工艺设计以及环境艺术设计等之内，又可以作为独立的设计艺术形式和品类而存在。

从上述六个方面而言，其设计的本质是同一的，无论是现代工业产品的设计、电子产品的设计，还是手工艺术的设计，其设计的目的都是满足人的多种需要，为人的生活服务；所不同的是设计的方法、设计产品的生产方式。随着设计从现代主义阶段向后现代主义阶段的发展演变，现代设计不再强调大批量的量产方式（仍然是主体），也不再强调是否是机械化生产、自动化生产，这就从生产方式上淡化了现代设计与手工艺术设计的差别。从本质上、从设计艺术现存的状况和发展趋势看，融合、整合是主流和方向，也是学科体系建设的主流和方向。因此，强调六位一体，即从共性上来建构设计艺术学科的体系，既是学科建设的理性需求，又是现代设计艺术发展的必然，同样也应成为设计艺术教育的改革目标，即实行设计艺术的通才教育与专业教育有机结合的方针，培养有专业技能的、高素质的通才。

三环交叉结构

三环交叉结构，即以美术和建筑作为基础学科群，形成三足鼎立、三环交叉的结构。美术，又称造型艺术，主要是各种绘画和雕塑艺术。建筑是人类生活和活动的主要空间，是设计艺术产品的主要设置之所。环境艺术设计的对象主要是已成的建筑物。建筑与环境艺术设计统合的趋势有所增强，这也反映出二者不可分割的联系。

曾有一种“大美术”的观点，认为设计艺术是美术的一部分。从更早和更远一点看，所谓艺术，已经包含了造型美术、建筑、工艺美术在内，在这一意义上的艺术，也可以称为美术，是所谓的大美术了。但从视觉的角度而言，包括影视等新媒体艺术在内，称为“视觉艺术”则更具现代性和代表性。

无论从任何一个角度而言，设计艺术与美术、建筑之间都有着诸多的联系。在人类艺术发展的历史长河中，这三者先是含混的，在形成各自的独立学科性质后，三者之间是互为影响、互为联系的。在20世纪，无论是在现代主义阶段还是在后现代主义阶段，三者一直处于互为影响和激发的状态，互动成为发展的主要形式。因此，我们不仅可以从当代艺术中见到三者互相影响对自身艺术形式的改变,还可以见到三者交叉、综合形成的新的艺术形式和新的艺术现象。

✣✣外围多学科群的支撑

设计艺术学从学科本质上看,具有综合、交叉、权变的特点,新的科学技术、新的发明创造、新的材料、新的生活方式、新的社会需求、新的社会观念、新的艺术形式和方式、新的学科设置等,都可能对设计艺术产生影响,导致其发生变革。因此,设计艺术学科系统与外围的众多学科发生着联系,也可以说,设计艺术学科系统由众多的相关学科和系统支撑和联结着(图 4)。设计艺术学科本身是一个开放的系统,它必须不断地从其他学科中吸收新思想、新观念、新方法、新理论、新形式,在学科交叉和综合中不断壮大和变革,以适应日益变化的社会需求。

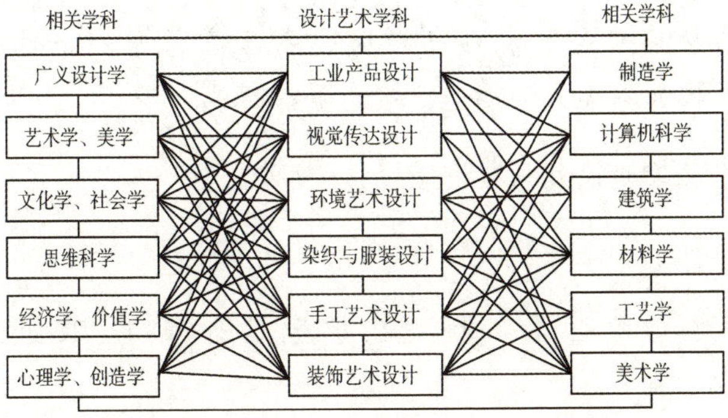

图 4 设计艺术学科与相关学科的关系

▶▶设计艺术学科与相关学科的关系

从人类设计的历史和对设计学科的认识来看,有一个由点到线、由线到面的渐进的发展过程。

人类最早的设计从工具开始,先是单件工具,再到复合的多功能、多用途工具,再由组合工具到机械;从简单机械到复杂机械,从人力机械到动力机械再到自动化机械;

从单件的生活用具设计到组合的设计;从单件的佩饰到整体的衣饰;

从单件的家具到建筑乃至整体的室内外设计,再到环境艺术的整体设计;

从居室设计到街区乃至城市和国家的规划设计;

从单一物的设计到考虑物与人的关系(人—机系统),再到考虑人与物与自然的生态关系;

从物质设计到非物质设计;

……

对设计艺术学科的认识也是这样,以20世纪为例。

(1)早期阶段(19 世纪末期至 20 世纪初期)

核心学科为机器制品、家具、染织、装饰工程,相关学科为机械学、美术学、纹样学、植物学、美学。

(2)中期阶段(20 世纪初期至 20 世纪 60 年代,现代主义时期)

核心学科为产品设计、视觉传达设计、室内设计、广告、服装,相关学科为美术学、文化学、社会学、心理学、经济学、商品学、美学。

(3)近期阶段(20 世纪 60 年代以来,后现代主义时期)

核心学科为产品设计、平面设计、环境艺术设计、染织与服装设计、广告、信息艺术设计……

相关学科有管理学、营销学、心理学、生态学、文化学、社会学、经济学、市场学、创造学、艺术学、美学、哲学、形态学、符号学、思维科学、行为科学……

由此看来,大量的人文学科甚至是自然学科构成了设计艺术学科的外围结构,也清晰勾画了设计艺术学科在人文学科和自然学科交叉层面上的特质所在。

➡➡一个既综合又开放的体系

设计艺术学科在一定意义上说是一个综合性的学

科，是一个交叉性的、边缘性的学科，也是一个由多个学科或专业组成的学科群，这些特性本身就决定了这一学科体系的开放性。从设计艺术作为科学技术与艺术结合产物的构成特点看，学科系统的开放性也是必然的。无论是科学技术的进步还是艺术的变革，都会对设计艺术产生影响，导致变革。事实上，设计艺术正是在这种多学科的综合、交叉、对流、整合中得到发展和新生的。

设计艺术作为一个开放的学科体系，结构大，涉及面广，但它又不是无所不包、无所不能的，其与各学科的关联和互动往往处于不同的层面上。从总体上看，有以下几点认识。

(1)专业学科是基础，交叉、综合是趋势。设计艺术中的产品设计、视觉传达设计、环境艺术设计、染织与服装设计四大主导专业，各自都有自身不能为其他专业替代的特点，如产品是立体的、量产的，平面是二维的、复制的，环境艺术设计是空间的、综合的，其作品形式和功能、价值均有很大差异。这些分支学科本身是各自学科体系的核心所在，担负着重要的分支学科的建设任务。这些各具特色又具设计艺术共性的分支学科共同组成了设计艺术学科体系，因此，它们同样是设计艺术学科体系的核心所在。

(2)设计艺术学科体系内部也有交叉和综合的问题，无论是上述四大主导专业，还是手工艺术设计和装饰艺术设计，这些专业之间都存在交叉与综合的问题。其交叉和综合“力”的大小强弱要看具体情况，如环境艺术设计的综合性较强；传统装饰艺术形式对于平面设计有较大的借鉴与综合作用，对于现代工业产品设计的作用则相对较弱。不能为了交叉而交叉，为了综合而综合，交叉、综合是产生新设计、新形式的手段和工具，其本身不是目的。

(3)设计艺术学和作为其学科基础的相关学科美术学和建筑学，三者都属于广义的艺术。三者之间的交叉与交流，既可以看作不同学科的交叉与综合，又可以看作艺术大系统内部的交叉与综合。因此，在开放的层次上，这三者之间的交叉、交流、综合和整合远远大于设计艺术与其他学科交叉整合的程度，而其交叉、综合乃至整合的成果更容易被艺术界认同。

(4)设计艺术学科与其他人文社会科学和自然科学的一些学科的交叉、综合，其深度和广度取决于设计艺术学科的内在规定性和学科发展的成熟程度及发展趋势。从设计艺术学科的内在规定性而言，它包含了心理学、文化学、管理学、市场学、经济学、社会学、美学等学科内容或要素,要分析和研究设计艺术现象、事件、产品、人物、活动等,必须从这些要素出发,或以某一个学科层面为起点进行分析研究。根据不同的设计对象和不同的研究目的、方法,可以选择相应的学科角度来切入。同一个设计对象,我们既可以从心理学的角度进行研究,又可以从文化学的角度、从美学或者从其与消费的关系入手进行研究,但不一定要面面俱到。设计艺术学科外围的相关学科,既是广义学科构架的一部分,成为设计艺术成长的营养之源,又提供了一定的具有科学性的学术研究方法和理论工具。设计师在从事设计时,不一定关注到设计对象的各个方面,如文化、心理等,但这并不等于说其设计对象就不存在这些要素,或不与这些要素相联系。

不同的设计对象,有不同的功用价值、不同的形态特征和个性,如时装,其款式和品牌往往在消费者心目中具有突出地位,与时代性相比,其民俗性文化特征则相对薄弱。因此,要根据设计艺术的不同对象进行不同的分析和研究。

从学科发展的成熟程度而言,设计艺术学科越成熟,学科体系越完备,其与其他学科的关系则越深入,这将反作用于设计艺术学科,促使其更好地成长和发展。从设计艺术学科发展的趋势而言,它与外围学科的关系也处于不断调整和变动之中。如与管理学和心理学的关系，在设计仅仅关注产品本身，设计师以个体为主的时代中，设计与管理学的关系还处于可有可无的状态，一旦设计作为一项工程乃至社会工程，设计师的团队组织管理和复杂设计过程的管理问题突显以后，设计艺术学科与管理学科的关系开始受到关注，学科交叉、综合的结果是出现了设计管理学这一新的设计艺术分支学科。设计与心理学的关系也是如此，一开始，设计师的设计以物为中心，一旦从物转向使用物的人，以人为中心，就不得不关注人与物打交道过程中出现的各种心理现象，包括设计师的设计心理，设计艺术学科与心理学科交叉、综合的结果是出现了设计心理学这一新的设计艺术分支学科。

(5)设计艺术学科外围的相关学科，每个学科都有完整而系统的学科体系，它们与设计艺术学科的交叉与对流，同样有不同的层面和力度，这就提醒我们，不能完全不加区分地套用这些学科的所有概念、理论来解释和研究甚至取代设计艺术学科的概念与理论。无论是设计者还是设计研究者，任何一个人都不可能掌握和精通与设计艺术学科相关的所有的学科知识，但适当的了解是十分必要的，这有助于我们真正厘清和掌握设计艺术学科的本质内涵。

➡➡设计艺术学研究的基本框架

设计艺术学研究是以设计艺术的个性研究为主体并包容了广义设计学共性研究在内的科学研究。图 5 为设计艺术学研究系统关系。

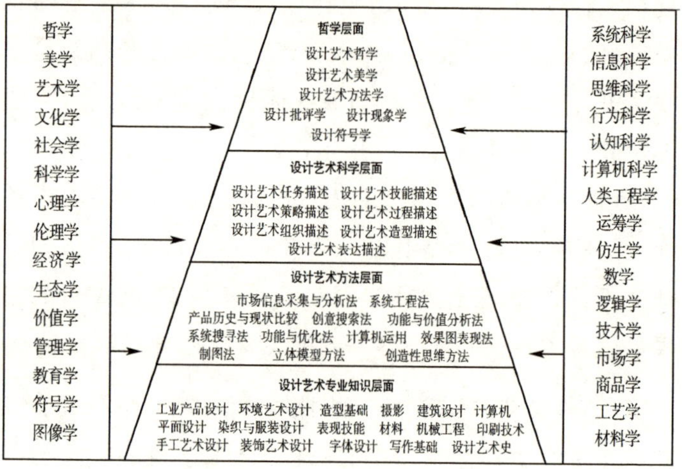

图 5　设计艺术学研究系统关系

结合中外设计学研究的思路，当代设计艺术学研究的基本框架包括十个方面。

(1)设计艺术哲学研究，包括设计艺术的定义、设计艺术的感性与理性、设计艺术的内容与形式、设计艺术的美学、设计艺术的哲学基础、设计艺术的认识论等；

(2)设计艺术形态学、符号学研究，包括设计艺术的形态分类、形态的组织与结构、形态的特征、视觉与形态、形态与符号、设计艺术的符号学等；

(3)设计艺术方法学研究，包括各种设计艺术的方法及方法学、方法学理论分析、计算机辅助设计与艺术创作等；

(4)设计决策与设计管理研究，包括设计决策理论、建模理论、设计任务的管理、设计组织的管理、设计过程的管理、设计质量的管理等；

(5)设计艺术心理学研究，包括设计艺术思维本质、思维机制、创造学理论、设计心理、接受与消费心理、理性与感性工学研究等；

(6)设计艺术过程与表达研究，包括设计艺术任务分析、设计艺术过程模式与一般设计过程模式、设计艺术过程的特殊性、设计艺术方案搜索策略、控制机制、设计艺术表达等；

(7)设计艺术的经济学、价值学研究，包括设计艺术生产的经济学性质，客户关系，设计与市场，设计艺术的经济价值、科技价值、社会价值、审美价值、伦理价值及其互为关系等；

(8)设计艺术的文化学、社会学研究,包括设计与文化、设计艺术的文化特征与本质、造物设计与社会设计、设计艺术的社会学等;

(9)设计艺术的教育研究,包括设计艺术教育宗旨、教育方法、教育内容与体系、历史经验分析,以及设计师的素质、职责等;

(10)设计艺术批评学与设计艺术史学研究,包括艺术批评与设计艺术批评、批评模式与理论、设计艺术批评的标准与理论、艺术史与设计艺术史、设计艺术史学理论等。

上述十个方面所建构的设计艺术学研究的基本框架,涉及众多的学科和方法,其内容还有很大的拓展空间。从根本上说,这一框架是基本的,也是动态的,它是一个大的系统,在这一系统中,每一个子系统都有若干可深入探讨的子目。对于中国设计艺术学的学科建设而言,这方面的研究和系统理论的建立,还刚刚开始,即使在国际上,其系统研究仍有待深入,这就需要几代人和所有研究者的努力,才能建构这一学术大厦。本书所论述的仅是其中的一部分,相当多的课题仍有待我们今后进一步学习与思考。

设计学是如何发展的?

随着条件的改变,我们发现设计的学科性正在消解。……设计的特点在于其流动和变化的实践形式,这种实践常常跨越和改变学科与概念界限。这种易变性意味着设计研究、教育和实践正在不断演变……

——克雷格·布雷姆纳,保罗·罗杰斯

▶▶设计教育的发展

现代设计艺术的历史一般以英国的威廉·莫里斯倡导的艺术与手工艺运动为起点。威廉·莫里斯不仅有自己的艺术设计实践,还有理论和理想,这些理论和理想,建构了设计艺术学最初的基石。艺术与手工艺运动不仅在英国有着显著的发展，而且在美国及欧洲其他国家也产生了巨大影响，造就了一批杰出的设计师和作品。从整个现代设计的理论和设计学的形成与发展来看，威廉·莫里斯可以说是一位早期的奠基者。他的设计实践来源于他的设计艺术理论和理想，这些理论和理想是现代设计艺术学最早的思想基础之一。

1919 年在德国魏玛成立的一所设计学院——包豪斯，是世界上第一所推行现代设计教育、有完整的设计教育宗旨和教学体系的学院，其创始人是德国著名建筑设计师、设计理论家沃尔特·格罗皮乌斯。包豪斯设计学院自创办至 1933 年被德国法西斯关闭，经历了短短 14 年，其间三次迁校，由此形成了三个不同的发展阶段，即创办初的魏玛时期、德索时期和柏林时期。包豪斯设计学院关注设计的现代性，强调与时代一致，在多样性中寻求简洁性，经济地运用空间、材料、时间与金钱。在教学方面，将手工艺传授的师徒制与艺术训练相结合，即车间与教室的结合，通过工艺技师的手工技术教育，使学生掌握和了解材料、工艺、肌理等技术和工艺的关系，加上工艺训练的创造性教育，形成一个完整、统一、合理的设计教育模式，成为现代设计教育的一条重要经验。包豪斯设计学院不仅将为社会大众设计好的用品作为艺术家的天职，而且建构了一系列至今仍适用的设计原则和理念，这些设计原则、理念乃至精神仍是我们今天建构设计艺术学的可贵的精神财富和理论基础。

在现代设计艺术史上，德国不仅创建了现代设计的摇篮——包豪斯设计学院，还在 20 世纪 50 年代建设了设计史上重要的乌尔姆造型学院。同包豪斯设计学院一样，作为“新包豪斯”的乌尔姆造型学院也只有 15 年的历史，但这短暂的历史，却以对包豪斯设计学院的继承与批判为特色，为设计艺术学科的发展贡献出了新的智慧和力量，是设计艺术学科建设和发展史上的又一座丰碑。乌尔姆造型学院是一所国际色彩十分浓厚的设计艺术学院，创建于 1953 年。它的教师来自法国、英国、瑞士、奥地利、荷兰以及南美、北美等地，有近一半的学生来自世界各地(共来自 49 个国家)。它是一所私立性质的学院，其创办人为英格·艾舍·舒尔和奥托·艾舍。作为一所设计学院，其定位是工业产品造型领域的国际性教学、发展与研究中心。主要的学科为产品造型、视觉传达、工业营建。1961 年起又增设了影片研究所。

美国卡内基-梅隆大学心理学和计算机科学教授赫伯特·西蒙写于 20 世纪 60 年代并于 1981 年再版时增写了部分章节的《人工科学》(又译为《关于人为事物的科

学》)，是一本开拓性的广义设计学专著，已具有现代广义设计学的理论体系雏形，也使赫伯特·西蒙获得了"设计学之父"的美誉。赫伯特·西蒙以一名学者的明智，意识到"创造一门或多门设计科学的可能性同创造任何人工科学的可能性一样大"，也一样重要。他将设计定义为："凡是将现存情形改变成向往情形，为目标而构想行动方案的人都在搞设计。"这一定义阐明了设计的本质特征，设计行动是随时随地都可能发生的，人人都会从事设计，人人都是设计师。但作为职业的和专业的设计，作为设计科学的设计则有着相应的规定性。

➡➡工艺美术教育

中国的设计艺术教育，最早可以追溯到19世纪下半叶，在晚清政府实行的新式教育中，工农两科的教学包含了工艺教育的内容。1902年南京创办的中国第一所高等师范学校三江师范学堂，设立了图画手工必修课，1906年图画手工科正式成立，开设中国画、西洋画、用器画、平面图学、立体几何画、透视画、图法几何以及手工、纸工、编造、竹工、木工、金工、泥工、漆工等工艺设计教育课程。此后，各类新式学校大都设立类似的课程。这可以说是现代设计艺术教育最早的阶段。20世纪20年代起，一批青年学子、学者先后到西方、日本留学，学成回国后在高等美术院校开设新型的工艺设计教育课程，如1918年留学日本东京美术学校工艺图案科的陈之佛，1925年留学法国叙利思绘画研究所的庞薰琹，1927年留学法国国立美术学院、巴黎装饰艺术学院的郑可和在里昂美术专科学校学习染织美术的李有行，1929年留学法国学习绘画、染织、漆画的雷圭元，1935年在日本东京图案学院、东京帝国美术学院学习陶瓷美术的祝大年，等等。这些先行者学成回国后，先后在高等美术院校开设工艺科或图案科（这些科目是现代艺术设计在当时的存在形态），从事工艺设计教育。如1920年国立北平大学艺术学院的手工师范科、上海美术专科学校的工艺图案科，以及抗战期间四川省立艺术专科学校的应用艺术科等。这些科目是现代设计艺术学科的前身，如图案，包括了平面和立体两大类，实际上类似现代的设计效果图和立体模型。

20世纪50年代后，中国的设计艺术教育进入一个新的阶段，1956年在中央美术学院实用美术系、清华大学营建系和中央美术学院华东分院（前身是中国美术学院）图案系的基础上组建了我国第一所设计艺术高等教育院校——中央工艺美术学院。这是中国设计艺术人才培养的摇篮和创建设计艺术教育体系的基础。20世纪50年代后，在美术和综合艺术院校，如浙江美术学院（现中国美术学院）、四川美术学院、广州美术学院、南京艺术学院等高校中设立了工艺美术专业系科，并相继建立了一批中等工艺美术学校和工艺美术的技工学校，形成了高等美术院校的工艺美术设计教育与中等工艺美术教育和多种形式的职工专业教育、职业教育相结合的设计艺术教育体系。

➡➡现代设计教育

20 世纪 80 年代，改革开放使社会生产发展迅速，一方面社会建设需要大量的艺术设计人才，另一方面国外现代艺术设计和设计艺术教育的成果与经验对国内有很大的影响，艺术设计及教育尤其是高等教育受到重视，一些理工科院校开始利用自己的优势积极创办艺术设计专业。国内理工科院校最早创办艺术设计类专业的是湖南大学。1978 年，当时的机械工业部领导出国考察后即建议创办机械类艺术设计造型专业，因此，湖南大学自 1978 年开始筹建工业设计系，1982 年正式建系招生，这是第一个经中华人民共和国国家教育委员会批准的设立在高等工科院校中的艺术设计专业系。20 世纪 80 年代有近百所高校筹办或开办了工艺美术、装潢设计、室内设计等艺术设计专业，20 世纪 90 年代是开办工艺美术或设计艺术类专业最多的时期。据 2001 年的统计，在全国 1 225 所普通高校中，开设工艺美术专业的有103所，开设环境艺术设计专业或室内设计专业的有124所，开设工业设计专业的有120所，开设美术专业的有88所。在开设美术专业的88所院校中，几乎所有院校都开设了艺术设计专业，如中央美术学院在20世纪90年代中期开始一改纯美术学院的形象，开办艺术设计专业，并将其作为发展的重点，并于2002年建立了设计分院。据上述统计，全国开设各类设计艺术专业的院校有500余所，几近全国高校的一半。随着理工科院校和综合性院校相继开办设计艺术专业，在艺术设计的高等教育中实际上形成了艺术院校和理工科院校的两大类型和办学风格。总体而言，艺术院校设计艺术专业教育比较重视艺术素质和技能的训练，艺术表现能力较强，艺术审美能力也较高，尤其是绘图能力大大高于理工科院校相同专业的学生，但其在理工类的课程教学相对不足，而文化素质相对偏低。理工科院校艺术设计专业教育，虽然重视艺术素质和技能的训练，但由于学校氛围、师资、设备、历史经验等诸多原因，在这方面显得较弱，而在文化素质、设计能力和理工类型的课程教育方面有较大优势。同一专业两种类型的办学模式，不独在中国，在设计艺术教育发达的欧美国家也是如此。

不论何种类型，从中国整体的设计艺术教育状况而言，关键的问题是艺术设计人才的培养是否能够适应日益发展变化的社会需要，是否能够培养出具有创造性和优秀素质、能够面向未来的艺术设计人才。从这一点来考虑，中国的设计艺术教育还存在诸多认识上的误区和亟待解决的问题，建立新型的适应我国经济建设需要的设计艺术教育体系，可以说是当务之急。

➡➡跨学科的综合教育与训练

设计艺术属于实用艺术范畴，它是在现代工业化生产条件下，运用科学技术与艺术结合的方式进行产品艺术设计、装饰设计等的一种创造性方法。它又是造物和生产活动的一个先期过程，广泛适用于机器制造、产品生产、广告、包装、染织与服装、环境艺术设计，以及与信息传达、接受相关的诸多方面，包括工业产品设计、视觉传达设计（平面设计）、室内外环境艺术设计、广告包装设计、信息设计等领域。全国包括工业设计在内的设计艺术学科中，有 10 多个不同的专业方向。

就工业设计而言，它不是机械的工业设计，而是工业的艺术设计，在欧美一些国家，工业设计原先称作“工业艺术”，它主要解决在现代工业技术条件下工业产品的功能与形式及人机关系，通过产品造型设计将功能、结构、材料和生产手段统一起来，实现具有高质量、高效益和较高审美向度的合格产品的目的。当代工业设计师已将这种设计推进到产品的最初构形、设计、生产、销售、使用乃至回收的全寿命周期和过程之中，以保障人与产品与自然环境乃至社会的良好互动关系。这种设计，常在悦目或艺术美的外在形式下，表现了内在合理而科学的功能结构和价值，它以合理、科学、经济、美观为设计要求，集科学技术与艺术于一体，从而降低了产品成本，提高了生产效益，满足了消费者的利益，体现了社会发展进步的要求。这种设计，艺术与科学技术的高度统一是其基本的特征，因此，它不是画画，不是一般意义上的美术，也不是艺术加科学技术，为产品做“美化”、做表面文章，而是艺术与科学技术、工程技术的高度融合，工业设计师与工程设计师共同协作，完成产品的所有设计任务。再以平面设计为例，平面设计又称视觉传达设计、装潢设计，广义的平面设计还包括书籍装帧设计、广告、招贴、标志、网页等诸多设计。平面设计专业与“画画”有较大的关系，在过去相当长的一段时期内，平面设计的水平主要取决于作者的形象表达能力，即绘画、字体设计能力。计算机成为主要的设计工具后，手工的绘画能力、字体设计能力的决定性作用大大降低，作品成败的关键在于创意，在于设计软件和对设计软件的应用。因此，从这一意义上讲，平面设计也不是画画，它与一般的美术不同。

设计艺术是一门专业性很强的学科。现在，在理论上常将设计艺术作为一种综合的、交叉的学科，其原因就在于它广泛地涉及科学技术、工程技术和人文、社会科学各领域，与纯艺术的美术形态相距甚远，而且随着数码技术和计算机等设计工具的发展，设计艺术日益拉开了与绘画艺术的距离，它可以利用绘画作为工具或形象，但其本身却不是绘画或美术，因此，设计艺术教育不是一般的美术教育。

但我国当代的设计艺术教育，还主要是一种美术型的教育，或者说是一种旧有形态的“工艺美术”教育，而不是现代型的设计艺术教育，更不是一种未来型的设计艺术教育。用美术教育的方式来进行设计艺术教育是目前中国设计艺术教育存在的最根本的问题。其原因大致可以归结为以下几方面。

(1)历史原因。现代艺术设计的历史只有近百年时间，设计艺术教育的历史从包豪斯设计学院算起，至今也只有一百多年的时间。在西方艺术设计发展的早期阶段，大致可以说是在20世纪初至20世纪三四十年代，所谓的工业设计或艺术设计，其关注的重点主要是产品造型及装饰形式等有限的方面。进入现代主义设计阶段，功能主义设计思潮占主导地位时，这种设计观才得以改变。在现代主义设计确立以前，设计艺术具有较强的绘画性，设计艺术教育同样具有较强的美术教育的色彩。从西方将工业设计称作工业美术、工业艺术，最终才改为如今的工业设计这一点也能看出。20世纪80年代初，筹备成立中国工业设计协会时，仍然将工业设计称作工业美术，这是当时设计教育偏重美术教育或者说没有脱离美术教育状态的真实反映。

(2)中国设计艺术的专业教育最早大都设置在美术院校，其学科名称是"工艺美术"。这种统称工艺美术的教育，既包括装潢设计、产品设计、室内设计、染织与服装设计等现代设计专业，又包括手工艺术的漆艺、陶艺、金属工艺以及装饰绘画、装饰雕塑等专业，因此整个工艺美术教育作为一种设计教育是建立在美术教育基础上的，素描、色彩、图案、美术字是设计专业学生主要的基础课程。以成立于1956年的中央工艺美术学院为例，其曾长期是中国唯一的高等艺术设计的专业院校，至今，其专业设置和教学体系、课程大纲等仍是全国设计艺术院校效仿的对象。从原中央工艺美术学院的专业设置来看,有染织与服装设计、陶瓷艺术设计、工业设计、室内设计(后改为环境艺术设计)、装潢设计、书籍装帧设计、装饰艺术和史论等专业或系。1988 年的“二二制”教学改革,该校成立了基础部,一、二年级的学业在基础部完成,基础部的主要课程是素描、色彩、图案、字体设计、“三大构成”(平面、立体、色彩)等。其他院校艺术设计或工艺美术类的专业,虽然没有所谓的“二二制”,但基础课程训练以及专业课的设置乃至教学内容、方法大都类同于中央工艺美术学院体系。20 世纪 80 年代后,理工类院校或者综合性大学创办的类似专业,虽然有一定的理工特点,但仍然是在设计专业师资缺乏的情况下,走着一条与美术院校设计教育相类似的道路,不少的院校,因设计专业师资短缺,直接录用和吸收了不少绘画专业的人才,稍加改变而从事设计课程的教育,“设计教育”在很大程度上成了另一类型的“美术教育”。

因此,设计院校毕业生的能力主要是“绘饰”能力或“纸面作业”的能力,而创新能力明显不足,动手能力也弱。我们的设计教育还主要是一种传统型和美术型的模式,这是问题的根本所在。20 世纪 50 年代开始出现的“以绘画代工艺”的问题,在此后不同的年代有不同的表现，现在是“以绘图代设计”，这实际上是一种传统的设计教育观和方法的产物，注重的是设计的结果，即“形的表现”。如此，设计教育便成了单一化的设计的技能教育。

实行跨学科的综合教育与训练是目前大学教育的趋势，也是设计艺术教育培养优秀人才的必由之路。从设计艺术本身就是科学技术、艺术乃至多种学科的综合而言，实行设计艺术的综合性教育就具有了一种内在规定性。考察历史，科学技术的发展经过了整合、分化、综合三个阶段，当代的科学技术呈现出既高度分化、专业化又高度综合的趋势，艺术和艺术设计也经历了这样三个阶段，从艺术、技术不分的混沌状态到纯艺术与实用艺术的分化，现在进入了纯艺术与实用艺术综合的新阶段。设计艺术不仅与纯艺术综合，它还必须时时刻刻与科学技术综合、交叉，才能适应时代的发展，才能有自己的价值和地位。学科越分越细，科学技术高度分化，其结果必然导致学科、专业间的交叉与重新整合。

设计艺术本身就是艺术与科学技术乃至其他多种学科综合、整合的产物，这样一种内在规定性决定了设计艺术实行综合性教育的必然性。跨学科的综合教育，将为学生提供各学科互相渗透、各种文化互相耦合的良好环境，使其素质得到全面的训练和提高。这将大大有益于设计艺术专业的学生在接受专业知识和技能的教育与训练时，能在更大范围内将专业知识与其他知识融合起来，构筑其发展的更大平台。

设计艺术内在结构的两个主要方面——科学技术和艺术，现在的发展和变化都非常迅速，科学技术的知识更新速度不断加快，知识容量不断加大；当代艺术的发展也是如此，不仅是艺术风格的不断变化，艺术手法、工具、个性都在不断的发展变革之中；而且，各学科间的交叉与整合在不同层面上发生着，具有一种不可阻挡之势。面对这样的形势，传统形态、单一的设计技能教育已经不能适应当代社会对人才培养的需要了。

当代社会所要求的设计师，不仅要有扎实的本专业的知识和技能，还应具有学习和融合各学科知识、技能的能力，具有广博的多学科知识，以成为“无专业的专业工作者”。

实行跨学科的综合教育和训练是摆在设计院校和专业教学改革面前的一项重要课题。这既有赖于学校的教学改革，又有赖于学生，尤其是完成本科阶段学习进入研究生阶段的学生在自我学习、自我培养过程，努力学习和融会各学科知识，提高自己综合运用各学科知识的能力，在这一学习和自我培养的过程中，亦需要一种主动性和创造性精神。

➡➡创设新型的设计教育体系

✣✣教育核心：创造性思维与能力的培养

在提倡素质教育的今天，高等教育的一个重要任务即培养学生的创造性。对于艺术设计专业而言，创造能力的培养更具本质性，它是设计艺术教育的一个核心概念和根本宗旨。

设计即创造，设计思维是一种创造性思维。艺术设计的过程本质上是一个创造的过程，一个艺术设计作品的成功与否，主要取决于它的创造性。如前所述，艺术设计思维作为一种创造性思维，实际上是科学思维与艺术思维的统合，它以艺术思维为基础，与科学思维相结合。艺术设计思维所要解决的问题是创造新的产品或形式，解决前人没有解决的问题，开拓新道路。艺术设计的创造性思维贯穿于设计的全过程，从设想、计划，到产品的制作、流通、使用乃至报废和回收利用，都需要设计，需要有创造性思维的全过程参与。

艺术设计的创造性思维实质上是多种思维方式、能力的综合和运用,综合也是一种创造。艺术设计作为一门交叉、综合的学科,它涉及自然科学、人文与社会科学等众多领域,因此,艺术设计的创造性思维不但是各种思维方式和能力的综合,而且是各学科知识的综合与运用。设计思维的综合性体现了创造性思维的本质特点,也是设计艺术教育的根本出发点。

由此看来,设计艺术教育从根本上说应是一种创造性思维与能力的培养,而不仅仅是设计的技法教育。在计算机与信息技术日益发展完善的今天,设计的表现和设计效果图的绘制,已不是设计的关键,也不是设计师水平的标志,创意即创造性突显出来,成为第一性的东西。

对于设计艺术教育而言,倡导创造性教育已有很长时间了,但时至今日,大多数设计艺术院校、专业的教育仍然是传统型的技法教育。有的设计艺术院校,从素描、色彩、构成、字体到设计表现(效果图、模型)等技法训练课程占总课时的80%以上,而人文与社会学科、自然学科的课程很少,导致学生普遍有表现能力(主要是绘图能力)较强、人文学科综合素质偏低,模仿能力强而创造性不足的通病。中国的美术教育,长期以来重视的主要是技法训练,这种训练如素描、色彩等,本质上是一种模仿训练,而不是创造性思维的训练。这种教育却作为设计艺术教育的主体方式，在设计艺术院校根深蒂固地延续着。因此，创造性能力的教育与培养，虽然倡导了几十年，但收效甚微，关键是艺术设计的教学没有脱离美术教育的模式，而美术教育又没有脱离旧学院派的那种传统模式。

从根本上认识和落实创造性思维与能力的培养是设计艺术教育的核心，首先是要转变教育观念，其次是进行师资队伍的建设，再次是具体的教学体系、结构、方法、课程内容诸方面的改革与建设。

以创造性思维和能力的训练与教育为主的设计艺术教育，是一种新型的设计教育，也是当今世界上一流设计艺术院校的根本宗旨和特色。20 世纪 70 年代以来，各设计艺术院校在及时引进计算机作为设计工具后，教学改革的速度加快、力度加强，围绕创造能力的培养提出了一系列新的方案，它没有具体的模式，这些一流的设计艺术院校可以说各有特点，共性在于其教学的主旨即培养学生的创造力。这里以香港理工大学设计学院为例。在 20 世纪 90 年代末期，香港理工大学设计学院代表队在参观考察了世界诸多一流设计艺术院校后，提出了一个崭新的教学方案。在教学宗旨中明确指出："为了教育出能够适应潮流和努力创新的学生，我们鼓励灵感、创造性思维和独立进行学习、实验以及对现状提出质疑；鼓励敢于冒险和打破陈规的精神。我们的目标是教育出创造性问题的解决者，同时给予他们必要的能力、技术和管理方面的才能，从而有助于他们成为发明新未来的设计师。”这种教育，着力培养学生对于未来设计界的领导能力，使学生能够从战略角度进行思考，拥有不止一项极具针对性的特长，而且具有管理才能，尽可能多地发挥信息与技术的作用。毫无疑问，这些设想是通过具体的教学体系、结构、教学内容、方法来落实的。如开设的“综合学习”课程，要求把两个或更多设计领域中的知识结合起来，创造特殊的解决课题或问题的方法；强调对设计的理解，并要求选择它的学生全力投入，允许学生独创个人学习计划，这个计划是得到教师的支持和建议的，学生将完成一本独特的个人作品集。

设计艺术千变万化，可谓日新月异。在西方，20 世纪 80 年代后现代主义设计突显出来。20 世纪 90 年代，随着计算机等电子技术和数码、网络技术的发展，非物质设计成为设计的又一个主导倾向，过去设计师主要关注市场和产品，关注产品的功能价值以及市场适销，市场调查和人机工程学成为当时设计中的重点。在非物质设计成为主导倾向后，不仅设计的工具从手工绘图工具变为计算机工具，软件成为设计的一部分，更重要的是，物质产品的设计也开始追求所谓的抒情价值，提倡“能引起诗意反应的物品”的设计，注重非物质的服务、视听感受等方面的设计，设计学科已出现从实用的材料工程科学、技术科学、产品功能等的物质形态和价值转向服务、文化、情感等无形的非物质方面的趋向。因此，产品设计中的精神和文化内涵更趋丰富。对设计艺术教育而言，这些变化意味着仅传授设计技法，训练绘画和效果图的表现能力已不能适应时代对设计的新要求，创造性思维能力的训练与开发，包括文化学、人类学、社会学、艺术哲学、美学、心理学等一系列人文与社会科学在内的综合素质的教育与培养已成为当代设计艺术教育的主要方向，这对从事设计艺术教育的教师的知识结构和素质也提出了新要求。作为教师，不仅要有强烈的责任感，还要不断吸收新知识，具有多学科知识与跨学科的综合与理解能力，具有国际性的学术视野，不断提升自我的创新能力和教学水平。在管理和组织上，需要给教师提供各种进修与再学习的条件，提高现有教师队伍的水准，并积极地广纳人才，吸收优秀人才进入设计艺术教育队伍。

转变设计艺术教育的传统观念

设计艺术是与科学技术和社会发展密切相关的学

科，当代的科学技术以前所未有的速度发展进步，设计艺术与此相适应，同样也处于一种不断变化、不断进步的过程之中。这就要求设计艺术教育，必须适应这种变化，并力争引导这种发展和进步，走在发展和进步的前列。因此，不断进行教学改革，并创设一种新型的设计艺术教育体系，是中国当代设计艺术教育的重大任务。

首先，充分认识设计艺术教育的特殊性、个性，树立面向未来的设计艺术教育的观念，拉开与一般美术教育的距离。如前所述，设计艺术是一门综合的、交叉的学科，它涉及自然科学、技术科学、人文与社会科学诸多领域。设计艺术教育观念的转变，要从真正认识设计艺术本身开始，明确设计艺术不是美术，也不是科学技术，更不等同于画效果图和制作模型。其次，改变设计艺术教育中重技能训练的传统观念，真正把创造能力的培养和创造性思维的训练落实到教学工作之中。

实行通才教育

改变设计艺术教育中专业划分过细、各自孤立、以专业方向设系的现状，在设计艺术这一学科范围内，教学不分专业，实行通才教育。即学生在大学四年的学习过程中，广泛地学习所有与设计有关的课程，从基础的素描、色彩、字体设计、构成训练到专业设计中的服装、平面、产品、室内外环境等专业课程，以及自然科学、技术科学、人文与社会科学的相关课程，在大学四年级时，根据自己的喜好和能力选择某一门类，如平面设计或产品设计、服装设计、环境设计等，作为毕业设计的课题方向。

1998年，教育部对专业划分过细的弊端进行了改革，合并精简了大约一半的专业，以前分设的设计各专业合并成一个设计艺术专业，这是宽口径教学、强化素质教育的重大举措。但有的院校却把这一举措当作可以设置更多专业的有利途径，而没有真正理解这一举措对于设计艺术教育改革的重要意义。

不断改革教学内容和课程设置，建设精品课程

学生创造能力的培养和创造性思维的训练要通过具体的教学内容和课程设置来落实和完成。从课程设置上看，除国家规定的公共课程外，专业课程大致可以分为造型基础、设计基础、专业设计、设计理论四大块。造型基础课程，包括素描、色彩、塑造、工艺等的基础训练，这类课程以训练和培养学生的观察和艺术表现能力为主，在有的院校，素描以“结构素描”为主，强调对结构

的分析与表现,实际上它与绘画专业素描训练的要求是一致的,因为绘画专业的素描也要求表现和理解结构,不同的是设计专业的结构素描除人物外还有器物、工具一类的物品。西方一些设计艺术院校,造型基础课程所占比例很小,有的甚至没有这类课程。造型基础的训练一方面是表现能力的训练,另一方面实质上是一种审美评判能力和创造能力的培养与训练。有一定造型能力的人和没有这种能力的人其设计的表达和所达到的审美层面是有相当差距的,问题是这种基础训练要在培养学生创造性的表达上下功夫,尽量避免陷入传移模写、模仿表现的怪圈。

设计基础,包括传统图案、“三大构成”(平面、立体、色彩)、字体、设计表现、模型制作等内容,其训练目的,一是学习设计的基本技能,二是通过设计的基础训练认识和了解设计的相关领域,如对材料、工艺、制作技法、空间、形态、色彩诸方面的体认,为创意设计打好基础。有一些院校将“三大构成”一类的设计基础课放到了主体的位置,以为教好了“三大构成”就教好了设计,使学生过分关注构成形式的表达,而忘记了构成训练的真正目的。在设计基础的课程中,因计算机成为重要的设计工具和教学工具,字体设计、设计表达这些课程的教学已出现了新的内容和方法，可以说计算机工具已可以取代这类课程的传统训练方式，但进行手工训练仍是非常重要的。

专业设计课程，包括平面设计、产品设计、染织与服装设计、环境艺术设计等，过去是分专业招生、办学的。面向未来的设计教育，以及从培养学生的创造能力而言，必须打破这种专业界限，把细分的专业统合起来，在设计艺术这一大的学科范围内，进行包括不同专业方向在内的系统化、多元化的教学。学生在大学四年的学习过程中，经过了各个不同专业方向的训练，毕业创作时可以任意选择某一专业方向进行毕业设计。

香港理工大学设计学院的经验值得借鉴，其教学安排和课程设置是：在第一学年的公共课程中，除中文、外语外，设置有设计构思、设计传达、视觉化技巧、设计研究、计算机辅助设计等；专业课程包括时装表现方法、视觉传达、电子影像介绍、材料技术、工业设计、形式艺术和设计语义学、建筑构造等课程。第二学年的公共课程是设计课程、商业设计等；专业课程除时装环境变化、时尚潮流分析与时装心理学等服装类的课程外，还有交流策略、编辑设计、广告、计算机绘画、交互式多媒体、实用艺术与 ID 语言学、ID 过程与方法学、人机工程学、产品开发工艺、可持续性材料和工艺、建筑结构与构造、灯光等课程，同时设置了相应的20余门选修课，如时装印画作品、印刷、动画、工作室摄影、产品包装设计、文化研究、消费空间、中国文化与设计、社会学与设计、当代艺术与设计、哲学与设计、调查方法与设计等。第三学年的公共课程和专业课程涉及高级产品的设计与开发、产品设计策略、时装经济与市场、设计展览、三维动画、产品展示设计、信息设计、设计与快速成型、环境评估、灯光设计等课程。这些课程的设置，有着内在的联系和明确的目的，在这个渐进的过程中，必修课程分为：设计基础、设计研究、专业课程、设计与经济。专业课程的重点是环境艺术设计、服装设计、工业设计、视觉传达设计、设计评论和理论。所有设计专业的学生都要学这些课程，如服装课程，学习的目的是使学生表达个性化的设计思路，并获得心理学和大众传播等方面的知识；视觉传达设计课程有广告设计、企业设计、图像信息学、多媒体、展览和环境图画、展示和电子图像等。讲授这门课程需要的知识有图形设计历史、视觉语言、印刷媒体、摄影、计算机、视频和动画、三维立体设计学、排版文案、市场策略、商业和专业活动、设计管理、法律和伦理学、环境问题和大众传媒等。值得注意的是，评估标准共有十个方面：第一，想象力和创造力，学生接受和选择课题以及设计解决方案的能力；第二，多学科，学习和应用多学科的方法和程度；第三，社会责任心，学生对设计师以及设计的社会责任的认识；第四，综合能力；第五，推理与调查能力；第六，美学判断力；第七，对信息的组织与分析能力；第八，对未来设计的深入思考；第九，表达能力，包括速写表现、技术图纸、运用理论和学术方式对设计观念的表达、设计报告等；第十，自我激励和自我学习的责任心。

我国当代的设计艺术教育已经到了一个转型时期，随着国家整体性的教育调整和改革，设计艺术教育的改革会迅速展开，为了培养更多的优秀设计艺术人才，需要建立新型的设计艺术教育体系，进行课程设置的改革，完善教学内容，建设一流的师资队伍，从而为中国设计艺术教育事业的发展奠定坚实的基础。

地域化特色的办学思路

在全国高校中，已有 500 余所开设了设计艺术类的相关专业，各地的专业院校也为数不少，从现况看，数百所院校的设计艺术教育大都是类同的。这种一致性和重复性除了反映出我国不少地方的设计艺术教育尚处于初创阶段外，还反映出设计教育与地方经济、生活的脱离，以及与地方文化传统的脱离。20 世纪 50 年代以后,我国逐步形成了一些有特色的地方生产基地,如以一汽为中心的长春汽车生产基地,以二汽为中心的湖北十堰汽车生产基地,上海、江苏等地的轻纺、轻工基地等。另外,作为现代文化、艺术资源的传统工艺,在地域上仍保持其特色,如苏州刺绣,无锡泥人,扬州、福州漆器,四川漆器和蜀绣,佛山、景德镇、宜兴陶瓷,等等,各地都有相当品类和数量的传统工艺和民间工艺,这些都是现代艺术设计重要的创作资源,也是地方艺术及设计专业院校形成自己办学特色可资利用的最独特、最具个性和潜力的基础。

如果我们能够充分利用当地的传统工艺、设计艺术资源,并与当地的生产和生活密切结合进行专业设置和教学(如结合汽车生产基地需要的汽车设计专业,结合地方轻纺工业的染织、服装、纤维艺术设计专业,结合地方工艺传统的有地方特色的传统设计专业),各设计艺术院校将会逐渐形成自己的特色和强项,进而形成既具国际化色彩又有地方特色的教学格局,最终形成我国设计艺术教育百花齐放的生动局面。

面向社会的设计教育

设计是全社会的事。一方面因为所有的设计都是为社会、为大众的设计；另一方面，人人都受惠于设计，并有可能参与设计，为设计献计献策。这样，人们既是设计的受众，又是设计的参与者。一个设计能否被社会和受众认可，不仅取决于设计本身的好坏，还取决于设计受众的经济条件、文化素质、审美欣赏水平乃至价值观。这里，提高社会大众对设计的认知水平和审美欣赏水平可以看作提高设计水平的一个重要方面，这也就涉及设计教育的另一领域——社会的设计教育。

社会的设计教育，即对社会人群的设计知识、设计美学知识等与设计相关知识的教育。首先是生产企业、营销企业、政府领导干部等人士的教育。社会的设计教育，还有更重要的任务——面向全社会广大消费者的设计教育，这将是一种多种形式、渠道的教育，进行设计艺术知识和审美知识的普及，提高全社会对设计艺术的认知，从而最终让社会大众参与到各种设计中来。全社会对设计的认知和审美欣赏水平的提高，将极大地促进设计艺术的发展，提高设计艺术的水平。

从设计艺术的发展来看，面向全社会的设计知识普及和教育是未来社会大众参与设计，乃至人人都能动手设计，使设计更个性化、生活化的重要基础。随着个人计算机的普及和设计软件的大众化，设计将不仅为专业人员所掌握，一般消费者亦能以消费者和受众的身份利用计算机和网络系统参与设计和提出自己对产品的要求，以至在这种参与中使设计成为一种互动行为，消费者在计算机的设计系统中可以获得自己理想的室内设计图形和汽车等产品的设计构形图。在这里，当消费者参与产品或服务的设计与构思时，他不仅是一个消费者，而且具备了一种制定产品规格和服务质量的“专家”身份，设计师或计算机专家的设计系统将按照他所制定的产品规格和服务质量要求深化设计，或与消费者共同完成设计，也有可能完全由消费者自己完成最终设计，这样，消费者具备了设计者和使用者的双重身份。如果进入这样的阶段，消费者对设计知识的了解和掌握往往需要达到一定的深度，因此，必须从最初的面向全社会的设计教育开始做起。

▶▶为“中国制造”而设计

西方工业化强国发展的历史表明，设计是制造业发展的重要动力之一。同样，中国的制造业亦需要设计艺术界的参与和努力。在今后相当长的时期内，中国首先为完全实现工业化而努力，宋健在《迎接战略转折　投入发展高技术产业新战役》中指出：“中国的制造业是今后实现工业化的源头，是实现现代化的主力军、野战军。”中国的设计艺术，尤其是产品设计的发展寄希望于中国制造业的发展，这是产品设计最根本的基础。但在现阶段，我们的工业设计、产品设计不应坐等条件具备，而要积极主动地参与，以自己的设计实践、优良的产品设计为中国制造业的发展贡献力量。

“中国制造”作为产品上的一种标志，其主要功能即标明产地。只要是“国产”的都可以称为“中国制造”。在世界经济和贸易中，产品生产国的经济、科学技术、生产能力、综合国力、产品质量等多方面的原因使“某国制造”已不是简单的标明产地的含义了，而成了其产品品质的象征，代表着这一国家产品的信誉和荣誉，代表着这一国家的制造质量和水平。

优良产品不仅是制造的产物，还可以说是设计的产物。设计在产品制造中占有举足轻重的地位，没有一流的设计就没有一流的制造，产品的竞争实际上首先是设计的竞争。在工业时代是这样，在信息时代也是这样。

如何使中国的产品具有国际竞争力，成为国际公认的优良产品？强化设计意识和质量意识极为重要。具体而言，我们要使“中国制造”不仅是产品产地的标志，更应成为优良产品的标志，它是我们国家产品质量和技术水平的象征，亦是中国设计水平的象征。为“中国制造”而设计应成为所有设计师和整个设计界的一种使命和责任，只有当我们千千万万的设计师将这种使命感化为自觉行动，将为“中国制造”而设计作为自己义不容辞的责任，我们的设计才有希望和目标，我们的产品质量才有保证。

为“中国制造”而设计，它不应该成为一句口号，而应该被视为一种历史赋予设计师的责任，是我们这一代设计师的历史使命，是我们的设计教育中必须树立的一种“国家意识”和“民族意识”。

西方发达国家的设计教育，比较注重培养设计专业学生的协同精神和敬业精神，这两种精神是设计优秀产品的素质和思想保证。我们同样需要设计师具有协同精神和敬业精神，以设计和产品的服务对象为重，以国家和民族的利益为重，从而使为“中国制造”而设计真正落到实处。

倡导为“中国制造”而设计，使其成为千万设计师的自觉行动，经过多年的努力，中国制造的产品已经成为世人认可的优良产品，“中国制造”也就必然成了优良产品的标志。

▶▶走向未来的设计

当代社会的发展和变革是前所未有的。计算机、网络等一系列高科技的形成和发展，更深刻地改变着社会，改变着人们对于未来社会的希冀与认识。高科技的发展速度越来越快，快得难以预料。设计是科技的产物，未来科技发展难以预料，未来的设计也同样难以预料。但是，未来的发展总是以当下的发展为基础的，当下的现实已揭示或部分揭示未来发展的趋势。另外，设计本身具有未来性，它本身的存在也同样揭示了未来设计的某些特性。由此，我们认为，未来设计的生态化、非物质化、艺术化是其发展的主要趋势。

➡➡设计的未来性

设计从本质上看是属于未来的。未来性是设计的本质属性之一。设计总是面对未来的设计，是立足于现实基础上的设计。设计是创新的设计，是提出新问题、解决新问题的过程，这种"新"即现在所没有的、未来型的。设计总是对现实和现有产品的一种超越，这种超越是面向未来的一种超越，而未来是未曾有过的、未曾经历过的、理想型的东西。

设计具有前瞻性，面向未来的设计，可以说是有前瞻性的设计。设计的前瞻性即设计的未来性。事物的前瞻性必须是发展的、理想的、新兴的、有生命力意义的，它与人类的前进与发展相联系。

面向未来的设计，是对未来理想的适应性设计。在工具的意义上，设计是人类实现未来理想的工具，又表现为一种对未来理想的适应，是人的理想的一种即将现实化的形态，通过设计，将人们对未来的理想具体化、现实化。

面向未来的设计是创造性设计，是完全新型的、新思路的设计，但在具体产品的设计上，有不同的层面和完成方式。如上所言，产品的演变也是一种创新设计，这里不是设计的本质变了，只是策略的变换而已，其本质仍然是未来性的、创造性的。

面向未来的设计又可看作已有产品设计与未来型设计之间的桥梁，二者之间的过渡形态，是适用于当代的具有创新性的设计。而未来型设计，也许在当代根本不能为人所接受，但它是人类对未来社会图景的一种实践形态，即为未来社会而进行的一种设计，这种设计不一定适用于当代，具有明显的实验性、前卫性和未来性；是人未来性思考、理想的一种具体化，又充满着不确定因素，有探索性。

设计的未来在一定意义上又是人类的未来，设计是人类走向未来的手段与工具，是为了更好地走向未来、实现未来理想的工具。当代人类的发展已进入可持续发展的阶段，设计也应当是可持续发展中的一环，是人类实现可持续发展的工具和手段，亦是未来发展远景中的一部分。

在未来的发展远景上，联合国倡导着三个基本概念：一是“人权”；二是“可持续发展”；三是“人类的共同遗产”。可持续发展是在当今的条件下对发展本身提出的要求，即一种着眼于未来的发展，这种发展不是无条件、无限制的发展，即不仅表现为一种数量方式，还表现为一种质量方式。

设计创造着多样性、生成着丰富性，这对于面向未来的设计而言，更是其根本的任务。

从本质上说，设计，尤其是艺术设计，完全是人类上述特性的集中体现，体现了人特有的互助心和责任感。设计行为本质上是一种社会化行为，设计师所从事的设计，不是为自己的设计，而是为他人、为众人的设计，因而，这种设计体现了人类共同的愿望，互助是最基本的内在含义。正因为设计是社会行动,它必然性地要对社会、对他人负责,“责任感”之责任也许在一定意义上超越了一般层面上的责任,尤其是设计师的设计是通过大批量社会化生产实现的,这种设计产品大量地进入社会,进入人类生活,设计师的责任将是社会性的、巨大的。为人的设计体现了设计的全部价值或者说真正价值。为市场竞争目的而进行的产品设计,其价值仅仅在于物,因而是不完整的、有限的。因此,在这一意义上,设计具有较强的道德价值,为人的设计的思想是设计师必须具有的高尚道德的一部分。而从本质上说,设计是为人服务的,高尚的道德应是其本质特征之一。

➡➡从生态到心态的设计(高科技与高情感的设计)

生态设计,又称为绿色设计,是 20 世纪 80 年代开始勃兴的一种新的设计方式。生态设计是在生态技术发展过程中成长起来的。20 世纪中叶,西方工业发达国家发生一系列“公害事件”,工业造成的污染已不仅涉及环境,还涉及人的生存本身,导致相关地区的人的身体健康恶化,制约了生产和社会的发展。为了解决日益严重的环境和生态问题,保护生态环境,治理和控制污染,形成了相应的技术,即生态技术。生态技术又称环境保护技术、绿色技术、清洁技术等,但生态技术是一个大概念，其含义包含和超越了上述三种技术，它是人类模拟自然界物质生存、学习和把握自然规律而创造的一种新的技术形式。包括生态设计在内的生态技术是应用生态学原理和当代科学技术成就而形成的一种新的技术形式。与传统技术形式相比，它具有多方面的特点和优越性，如它以人与自然和谐发展为价值方向，不以经济增长为唯一目的，既满足人的需要又有益于生态平衡；它把包括人在内的自然界作为一个有机整体，具有保护生态、实现人类可持续发展的性质。

生态设计既是一种实践形态又是一种理想形态，它涉及的是人与自然的关系。在生态学中，这是一个具有哲学意义的命题，也是生态哲学的根本问题。生态哲学以人与自然的关系为基本研究方向。

生态设计观是一种整体设计观。生态学认为，世界是“人—社会—自然”复合生态系统，具有整体性。生态系统包括人、植物、微生物以及各种环境因素，是有机地结合在一起的，犹如人本身的生命组织，是有机统一的、相互联系的、互为作用的，因而，生态是系统生态，是一个自然系统，是一个整体性存在。和谐性、有序性、动态性，是整体设计的主要特征。我们设计一种产品，它不是一个独立的存在，而是与人和环境结合的整体性存在；产品本身从使用到报废的过程都是动态的，与人和环境的关系也是动态的。设计观从单一走向整体的变化，是设计向生态学方向发展的变化。

生态设计作为一种新的设计形式，涉及十分广阔的领域，是新的生态化产业体系的一个重要组成部分。在正在形成和发展的生态工业、生态农业、生态林业、生态畜牧业、生态渔业以及交通、采矿、通信、建筑的生态建设方面，都需要从生态设计开始，生态设计将在城市、乡村建设，资源开发，环境保护以及科学技术文化建设和人民的生活方面发挥独特作用。生态设计体现的不单是一种技术的追求，还是一种观念的变革，它以生态学作为自己的发展方向，而改变和放弃传统设计过分强调产品外观以致标新立异、华而不实的设计思路，把设计创造放在保护生态、环境的基点上。

生态设计的形成和发展，将会导致生态设计学的产生和发展。生态设计学广义上可以归属于生态学领域，但它又是设计学中的分支学科，具有参与学科的综合和交叉性。对于设计而言，生态设计的发展具有十分重要的意义。

第一，生态设计代表了一种新的设计发展方向，它以生态学理论为基础，产生于人们对当代生态环境危机以及现代设计中一些问题的哲学反思，如对“有计划的商品废止制度”“一次性消费商品”设计的反思，它第一次把设计自觉地纳入可持续发展的先进思想中，表现出了这一发展方向的先进性。

第二，生态设计是一种新的设计观，它把自己的设计观建立在生态学有机整体的观点的基础上，用整体的观点观察分析事物，观察研究设计对象，将单个的设计对象置入人与物、人与自然的整个系统中来考虑，强调设计的整体有机性，要求设计师改变仅在产品外观上标新立异的传统设计观，将设计的重点放在真正意义的创新和发展上。

第三，生产设计是一种新的设计方法论，以生态学方式思考，以生态学方式从事设计。

第四，生态设计体现了一种新的价值观和自然观，它不仅关注人的价值，而且关注自然界和自然界其他生命的价值，并将设计的价值创造置于对人与自然关系兼顾的基础之上，或者说以有益于人和有益于自然的价值为设计的根本价值，以“人与自然的和谐发展”为设计的出发点。解决生态问题是新世纪人类的希望，生态设计将是实现这一愿望的理想工具，将使设计迈入一个新的时代。

人是包括自然在内的整个生态大系统的一部分，其本身是一个小的生态子系统，作为生命个体的子系统，人一方面是生物性的、自然的，另一方面又是社会性的、文化的，即人本身的生态，既包括生物性的生态，又包括社会性的心态。处于社会中的人，生态与心态密切相关，健康的生态来自健康的心态。心态主要是人的情绪状态和情感存在，具有生理和心理两种维度。情绪与情感都与人机体的需要相联系，而人的需要是多种多样且不断变化的。在产生需要和需要得到满足的整个过程中，人都会有各种情绪表现，就设计而言，在产品设计中考虑人的情绪和情感因素，有许多实践的途径，尤其是在高科技的社会情境中，关注人的情感、情绪、心态，是生态设计的重要内涵之一。

早在20世纪70年代，西方一些学者就高科技迅速进入人的各个生活层面和角落，带来了生产、生活的自动化提出了高科技与高情感的平衡问题，这实质上是作为生物的人与社会之间的生态问题。第一，这种所谓高科技与高情感的平衡，是人的自然生态与社会生态的平衡，是生态与心态的平衡。我们知道，手工造物、手工艺往往浓缩着制作者和手艺人的情感，它与大机器生产的产品不同，是人的情感的产物，因此，在设计中倡导手工艺术，是生态设计的重要方面。第二，在大机器生产的产品设计中，如何从满足人的各种需要出发，进一步考虑人在使用产品时的情感因素，汲取手工艺造物的情感设计特点，是生态设计的重要主题之一。

➡➡非物质设计

20世纪80年代，随着计算机的普及、网络的建立与扩张，一个所谓的“信息社会”悄然而至，“数字化”虽然没有真正到达生活方式的层面，但“数字化”的产品不仅自身更新换代迅速，而且对传统产品的影响与改造同样迅速与深刻。信息是非物质的，信息社会实际上就是所谓的“非物质社会”。对于设计而言，一方面，信息化社会的形成和发展，导致设计手段、方法、过程等一系列的变化，从而开始迈入“数字化”的设计时代；另一方面，设计从范围、定义、本质、功能及教育诸方面亦开始发生重要的变革，非物质设计理论的兴起即其变革的内容之一。

20世纪70年代，西方设计学界已开始就设计向后工业社会过渡的问题进行研讨。20 世纪 80 年代，电子空间的虚拟化设计、信息设计、网络界面之类的设计成为中心话题，这类设计都涉及数字语言的程序化问题，都具有非物质性质，因此“非物质设计”的话题突显出来。

“非物质设计”是社会非物质化的产物，是以信息设计为主的设计，是基于服务的设计。在信息社会，社会生产、经济、文化的各个层面都发生了重大变化，这些变化“反映了从一个基于制造和生产物质产品的社会向一个基于服务的经济型社会（以非物质产品为主）的转变”。这种转变，不仅扩大了设计的范围，使设计的功能和社会作用大大增强，而且导致了设计本质的变化，以致西方有的学者将设计定义为一个“伪造”的领域。设计从“制造”的领域转变为一个“伪造”的领域，从一个讲究良好的形式和功能的文化转向一个非物质的和多元再现的文化，即进入一个以非物质的虚拟设计、数字化设计为主要特征的设计新领域，设计的功能、存在方式和形式乃至设计本质都不同于物质设计。

非物质设计是相对于物质设计而言的。在物质设计中，也有非物质设计的成分，如产品的功能和样式本身是非物质的，产品构思的初期阶段其设想、规划则是非物质的，语言、思想也是非物质的。也就是说，在物质设计中，同样存在各种潜在的非物质成分。进入后现代或者说信息社会后，以计算机作为设计工具，虚拟的、数字化的设计成为与物质设计相对的另一类设计形态，即所谓的非物质设计。非物质设计有许多不同的层面，既有软件、程序设计的层面，又有功能、价值的层面，还有方法、服务的层面及空间、感觉、思想和哲学等诸多层面。

物质设计中有非物质设计的成分，而非物质设计又必定借助物质才能得以实现，如计算机软件（非物质设计）必须有计算机硬件的支持才能发挥作用。这二者是相互联系、互为基础的，诚如老子所说的“有之以为利，无之以为用”（《道德经·第十一章》），二者缺一不可。非物质设计的出现，使设计的存在形态丰富了，好比有了双翼，它不仅实现了设计本身，而且揭示了物质设计中早已存在的非物质性。

从物质设计到非物质设计，是社会非物质化过程的反映，也是设计本身发展进步的反映。

手工业时代：物质设计（手工产品），手工造物方式，手工产品形态；

机器时代：物质设计（工业产品），机器生产方式，机器产品形态；

信息时代：物质设计与非物质设计共存，工业产品与软件产品共存，机器生产方式与数字生产方式共存。

如汽车设计师，过去仅仅设计作为物质的汽车本身，现在则要求更多地考虑非物质的交通和社会环境等问题；洗衣机设计师，不仅要考虑洗衣机本身的设计，还要更多地考虑洗衣服的方式和可能。日本一家生产吸尘器的公司，设计了一种吸尘器的租赁服务体系，受到人们欢迎。日本JR地铁公司设计了一种“快速地铁＋大公共汽车＋自行车”的交通服务方式，这种服务方式反映了设计价值和社会存在的一种变迁：从功能主义的满足需求到商业主义的刺激需求，进而到非物质主义的关注生态需求（合理需求、人性化需求、有限需求）。在人与物、设计与制造、人与环境以及人们对设计的认识上也发生了一系列变化：

物与物→人与物（机）→人与物与环境（物质设计）；

物与非物质→人与非物质→人与物与环境与社会（非物质设计）。

从理论上而言，非物质设计又是对物质设计的一种超越。当代科学技术的发展，为这种超越提供了条件和路径。非物质设计作为物质设计的先期存在形式，蜕变为具有相对独立意义的存在，无疑是艺术与科学进一步结合的结果。

➡➡信息设计

信息设计是设计学科中新出现的一个专业领域，最初主要是界面设计，解决人与电子设备接触的界面设计问题。实际上，信息设计的面很广，包括平面设计在内的许多设计领域都涉及信息设计的课题。信息设计，从根本意义上说，是用艺术设计的方式和形式表示、传送、集合、处理信息，或提供某一产品或工具为人使用或了解、获得信息。

当然，在信息设计中，界面设计仍是一个主要的设计领域。仅计算机一类的产品设计而言，界面设计已形成了几个不同的层次。首先是一个物理设计问题，设计师要考虑造型、使用、手感等一系列物理性问题，这是艺术设计师主要介入的领域，但这只是基本层面上的设计，界面不仅和计算机的外表或给人的感觉有关，它还关系到个性的创造、智能化的设计，以及如何使机器识别人类的表达方式，这就进入界面设计的第二个层次——智能化的友好界面设计。

完美的界面设计，不仅能了解人的需求和感觉，而且“表现出超凡的聪明才智，以至于物理界面本身几乎消失不见了”。这就是界面设计的秘诀——让人们根本感觉不到物理界面的存在。

➡➡为感觉的设计

上述界面设计，如果要像人一样，必须有良好的感应能力。“感觉”，这是人类特有而又丰富变化的知觉现象，现已成为人性化设计关注的一个重要窗口，为感觉的设计亦成为未来设计实践的重要领域。

当代科学技术的发展，使设计进入感觉层面，即形成了感官设计。进入感觉层面的设计，无疑使“为人的设计”真正进入了一个新的发展层面。人的感觉是千变万化的，又是丰富而细致的，这一领域的开拓，几乎比过去所有领域都要大，而设计的深刻性也将达到前所未有的程度。

感觉设计是从人的感觉特性出发的设计，也是为适应和服务于人的感觉特性的设计。人的感觉包括视觉、听觉、味觉、嗅觉、躯体觉等。

人的感觉世界既有生理的又有心理的，十分复杂，这就为未来设计的进一步发展提供了无限的可能性和巨大的发展、开拓疆域。事实上，当代一些设计师正在致力于这一方面的研究与开发。如日本著名建筑和室内设计师六角鬼丈为东京都杉并区设计了一个长达 17 公里的环状道路系统,将主要公园和设施联结在一起,并在这一系统中设计了数十件作用于视、听、触、踩等众多感觉系统的装置。如各种喇叭造型的听觉感受装置,可以倾听风声和监听汽车的噪声,其造型稀奇古怪,融夸张、变形、戏谑为一体。在江合川利用河滩沙地设计了一种感觉装置,既可用于健身,又与环境巧妙融合。

“感觉设计”的形成和发展与所谓“体验经济”的形成有一定关系。美国学者约瑟夫·派恩和詹姆斯·吉尔摩认为 20 世纪 80 年代在发达国家已出现了一种“体验经济”,这是继农业经济、工业经济和服务经济之后的第四个经济发展阶段。“体验经济”是将“体验”当作经济商品销售,在出售商品和服务时,向消费者传达更多的“吸引”信息,即出售某种“体验”。“感觉”即一种体验,一种产品或服务给予人的感觉、刺激,体验越多越丰富,其价值越大。“体验经济”也是信息时代的产物,在“体验经济”刚刚开始时,给予人最多体验的可以说是数字娱乐业。在数字化的休闲娱乐活动中,体验已成为一种特殊商品,如此,未来设计界对感觉的设计,实际上是对体验的设计,是对体验的创造性设计。

设计学学什么？

设计是一种研讨生活的途径，是研讨社会、政治和设计本身的途径。说到底，它是建造一种关于生活形象的途径。

——埃托·索特萨斯

▶▶文化传统和全球化视野

任何文化只要有历史也就会有传统，传统实际上是文化本质的一种延续，文化的发展是文化在传统中的发展。具体而言，我们可以将一切经由历史所流传下来的思想、道德、风俗、心理、文学、艺术、制度等人文现象称作文化传统，它是"人类创造的不同形态的物质经由历史凝聚沿袭下来的诸文化因素的复合体"。

▶▶设计的民族传统与文化品格

设计有自己的历史，有当代的发展就有其传统的存在。从现代艺术设计来看，传统的手工艺术设计可以视为它的传统。这种传统可以分解为两方面：一是传统的艺术设计；二是艺术设计的传统。前者是旧有形态的艺术设计，是指具体的设计品类或传统设计形态；后者主要是指旧有形态的艺术设计中的传统精神和文化品格。在这两方面，中国设计都可以说是得天独厚的。传统的艺术设计，即传统的工艺美术，包括陶瓷工艺、金属工艺、漆工艺、染织工艺、竹木工艺、宝石工艺等几十大类。勤劳智慧的中华民族，以其博大精深的文化、独具匠心的设计、巧夺天工的制作，形成了千姿百态、美妙绝伦的工艺世界，无数的工艺造物和生活之物，不仅是美的物化，还是泱泱大国的民族文化精神的象征。

中国不仅有优秀的造物传统，而且有优秀的用物传统，这种用物的传统以适用、俭朴、惜物为核心内涵。造物传统与用物传统相辅相成，是中国艺术设计传统的有机组成部分。以适用为本的思想既是传统造物的理念，又是用物的根本指导思想，而归根结底是一种用物观。从先秦诸子开始，先哲们就十分注重物的实用功能和价值，把它作为造物的根本目的。现代所提倡的“实用、经济、美观”的设计原则仍以实用为根本。以适用为本的思想又折射出俭朴的中国传统美德，孔子对一切都“宁俭”，直到当代，社会仍以勤俭为美德。俭朴与惜物又是一致的。中国有优良的惜物传统，即便生活宽裕，还保持着惜物的传统。俗语谓：“新老大，旧老二，补补丁丁给老三。”这是说一件衣服，兄弟三人穿，一直到穿破。但破了也不能丢，衣服成了破布还能“糊衬”和纳成千层鞋底，真正做到了物尽其用、材尽其能。不仅是布，任何材料和造物都在这种优秀的惜物传统中发挥“再生”作用，如木料也不断从大改小，一物多用，建筑上不能用就用来制家具；大木桶可以经过多年的修旧利废改成小桶。由此还形成了许多专业工匠，如修锅匠、箍桶匠、篾匠、锔碗匠、补漏匠、修缮工等，箍桶匠和篾匠可以制新也可以翻旧、补旧；而修锅匠、锔碗匠则完全是修理补缺的专业工匠。在物质丰裕、造物日益繁盛的今天，提倡这种优良的民族造物、用物、惜物的传统精神，无疑有益于对自然资源的保护，有益于可持续发展。我们谈传统不是为了传统本身如何，也不仅是为了继承，继承是一种延续，这不是目的，目的是“古为今用”之“用”，“用”意味着创新和发展。

▶▶设计的全球化视野与本土化

世界经济已进入一个全球化竞争和发展的时代，设计作为经济的产物和工具，必然参与到全球化的进程之中，同样会作为一种经济的、文化的、艺术的乃至生活方式层面的工具，在全球化的历史进程中发挥作用和接受考验。当代设计观念的变革、对设计的重新定义、设计的跨区域交流、本土化设计概念的提出，无一不与全球化这一趋势发生关联。与科技的无国界一样，作为科技产物或以科技为中心的现代设计同样可以说是无国界的。世界各地的人们用着同样的东西，手机、汽车、飞机、电视……。这表明，设计的共性是建立在不分种族的人类的共性基础之上的，实现的是人类共有的国际性价值。由此观之，一项设计越能为人类所共享，其设计的国际性价值越大，越是作为一种世界性设计而存在；一项设计越是基于人的共性的需要，其也越具备国际性价值。

全球化视野是设计应具备国际性眼光，是将设计的立足点从地方的移至全球的、从传统的移至当代的新基点上。全球化不是一句空口号，它有许多实际的内涵，设计中的关系范畴涉及诸多矛盾和关系，如本土化和民族化即一对矛盾。从理论上讲,全球化与本土化是相辅相成的,是同一与差异的关系。没有本土化就无所谓全球化。因此,全球化不能以排斥本土化为目标。

设计的本土化对于不同的设计公司、群体、个人而言有不同的意义。对于中国设计师而言,设计的本土化问题即设计的民族精神的继承、发扬、运用和创新问题,它要求本土的设计师立足于本土文化面向国际创造出具有民族个性和文化特征的设计。而作为一个外来者,如跨国公司,跨地域的设计师、设计群体,进入另一个地域和文化圈,要推销自己的产品和设计,就必须关注设计的本土化问题。

全球化是一种趋势,又可以作为国家的、行业的、群体的一种策略,这种策略既是经济的又是文化的。因此,我们必须在这种全球化的过程中,保持清醒的、有国家意识和民族文化意识的认识。文化的力量往往比经济的力量更为强大。

设计中包含的文化和社会价值功能提示我们,设计是既可以作为经济基础,又可以作为上层建筑的。它具有多样性,也具有多种可能性和功能。它的文化性和经济性、物质性一样,可随着产品的出口和传播而成为一种文化的出口和传播。

因此，正确地对待全球化，对全球化保持一种清醒的认识是十分必要的，这将有利于我们正确处理全球化与本土化这一对同一与差异的辩证关系。“全球化的态势中，发展本土化的设计，从民族文化中汲取优秀的传统精神，用全球化视野创建有民族特色的、先进的设计文化，不仅是发展经济、参与国际化竞争的需求，还是建设民族新文化的时代任务和职责。所谓设计的民族化只有在这一意义上才能成为设计创造的指南，而不是一句口号。”

▶▶设计思维的培养

作为艺术与科学结合的设计，其思维更是表现出了一种综合思维的性质，设计师往往根据设计对象和任务的不同，灵活运用各种思维方式，即在思维活动的过程中不排斥任何一种思维方式，不受思维方式和思维定式的限制。一般而言，在构思外在形象时，艺术的形象思维发挥主要作用；在理解内在结构、完善功能等设计时，更多地依赖科学思维的作用；有时是在这两种思维方式甚至是多种思维方式的不断交叉、反复中进行形象的结构设计和创造的。

设计思维是一种创造性思维。人们一般把科学技术上的发明创造，科学认识上的新概念、新假设、新理论和新形象以及新的艺术作品的创造思维活动称为创造性思维。设计思维是一种创造性思维，从本质上说是一种原创性思维，无论是设计一个标志还是为电器家族增添一个新成员，如果是与过去不同的新的东西，就意味着创造。设计中的创造性思维需要想象甚至幻想，但不是胡思乱想，它受设计目的和设计条件、生产条件诸方面的限制。创造性设计也不同于所谓的改良型的设计，因为改良型设计是从旧有的知识和经验中引申出解决问题的方案，是在已有设计基础上的改动，或是一种模式的改变，这种设计思维不能称为原创性思维。

设计的创造性思维是一个既有量变又有质变，从内容到形式又从形式到内容的多阶段的创造性的思维活动过程。设计思维所要解决的问题是创造新的前所未有的东西或形式，解决前人没有解决的问题。设计的过程是一个探索的过程，探索充满了思考与创造的因素。设计具有贯通全过程的性质，从设想、计划到产品的制作、使用、流通、消费甚至报废，整个过程中都需要设计。创造性思维也是一个全过程，具有强烈的个性色彩，即所谓独创性。

从艺术设计的特点来看，设计思维过程中必然包括直觉、灵感、意象等迸发，想象的发挥与模型、图形的构想，结构与外观的有机连接，设计产品信息反馈的利用与控制的运筹等，并不断通过构形、试错的方法，来完成新设计。设计的创造性思维本身就是各种思维方式的综合，这种综合以艺术思维为主，但绝不排斥其他思维方式的运用和作用。思维的综合性体现了思维的辩证关系。

设计的过程是创造力发挥、施展的过程，良好的创造力是设计师自我发展与成长的保证，也是设计师终身的追求。创造力与其说是与生俱来的，不如说是努力的结果。从职业的特殊性而言，设计师与一般人不同的是，其所从事的设计工作几乎完全是建立在这种创造力基础上的，因此，要有意识地培养自己的这种创造力。心理学家马斯洛曾将创造性归属于人的自我实现，自我实现实际上是一种有意识的追求。创造力与智力虽然有一定关联，但创造力的大小不完全取决于个人的智力，还取决于个人的努力和培养。

创造力作为人的一种普遍的能力，具有极大的潜力，但又是一种需要培养、发掘的能力。培养和运用这种能力都需要努力和一定的条件。国外学者经研究认为，对于个人而言，创造性思维包括六个因素，也是设计师应努力的六个方面。

(1)需要有良好的感受性。

(2)思维流畅,或者称为思想丰富。

(3)创造力的重要因素是灵活性,亦指摈弃旧思维方法,开创不同方向的能力。

(4)创造力因素之一是独创性,或指产生不寻常的反应和不落常规的联想的能力。

(5)为事物重新下定义,即能够按照新方式对自己的所见所闻加以重新组织的能力。

(6)精益求精,或指运用两种或更多的技能去建构更复杂的事物的能力。

这些为设计师创造性思维能力的培养提供了有益的启示。

▶▶知识创新的探索

当代设计日益展现出创新的价值与趋向。这种创新表现在科学技术和艺术两方面,前者是新知识的创新,后者是新形式的创造。

在设计创新的内涵和过程中,新知识具有重要地位。

可以说设计是基于新知识的设计，设计是新知识的载体和表现形式，新知识含量的多少决定了设计质量和新产品市场占有率的高低。新知识即创新的知识，新知识的含量愈高其创新内涵愈大。

设计艺术中的新知识，既来自科学技术，又与艺术创造联系在一起。

设计过程是基于新知识和创造能力的设计，其中离不开技术发明与设计创新。例如技术史，就是由无数的技术发明事件所组成的。发明也是一个多义词，须置入特定的语境才能清晰地加以表达。我们将技术发明与科学发现相比，二者是不同的，如贝尔发明电话、牛顿发现万有引力，前者属于技术发明，代表着制成某种新产品、创建新事物；后者是发现，因为在发现以前，引力是客观存在的。技术发明是使事物从理想变为现实；科学发现是从观察、研究中产生思想，并使思想符合客观存在。

技术发明与设计创新也有区别，发明有时是非理性的、无意识的、直觉的，甚至是以意外的方式进行或获得的，具有偶然性（必然之中的偶然），即所谓“踏破铁鞋无觅处，得来全不费工夫”。设计创新却是在目的、要求、条件的规范下进行的理性化、系统化的活动。发明可以理解为发现某一原理的过程，设计则是对这一原理的运用；发明家发明一个体系或一种方法，设计师则运用方法和体系并将其具体化、对象化。发明涉及可能存在的东西，即探索未知世界，设计涉及存在的东西，即创造事物而不是探索事物。

当然，技术发明与设计创新的区别不是绝对的。技术除发明外，也包含更多的创新内容。创新，对于技术以及设计而言，都标志着一种发展、变革和进步。在不同的语境中，创新有着不同的内涵。

设计也包含发明，在一定意义上，设计即发明，或者说是“发明的发明”。奔驰汽车公司的设计理念是“为发明而设计，因设计而发明”，设计即创新，创新在一定意义上又是发明。

艺术创造有自己的规律和特点，在设计艺术中，艺术创造主要是由“赋形”来展示的，因设计对象的复杂性和后续生产条件的多种制约，艺术的“赋形”不是纯艺术的那种出自艺术家个体情感和艺术表现的“自由赋形”，而是根据功能、结构、材料乃至与生产技术条件相适应的“构形”，其造型是限制中的“非自由赋形”，但种种限制，同样为设计师提供了另外的可能性，其创造性也正是在诸多限制中展现其非凡的。

从本质上看，艺术创造亦是一种新知识的创构，即艺术创造是新知识的一部分，是艺术家、艺术设计师以艺术创作的方式所创造的艺术的知识构成，这种知识构成不仅是新的，而且是美的，是艺术家、艺术设计师通过艺术设计的方式，将科学技术与艺术结合起来，即通过产品，甚至是非物质产品的形式进行的创造。

知识创新是指通过科学研究，包括基础研究和应用研究，获得新的基础科学和技术科学知识的过程，目的是追求新发现，探求新规律，创立新学说，积累新知识。新知识是技术创新的基础，是新技术和新发明的源泉，是促进科技进步和经济增长的革命性力量。知识创新为人类文明进步和社会发展提供不竭的动力，对于社会发展有着极为重要的意义，21 世纪的竞争在一定意义上可以说是知识创新的竞争。

设计艺术是知识创新的一个重要组成部分，它是科学技术与艺术结合的产物，是设计艺术工作者艺术智慧的集中体现。设计是基于新知识的设计，这就要求设计师一直处于新知识的学习之中，不断更新自己的知识结构，不断开阔视野，掌握新方法，树立新观念，使设计真正成为创新的设计，成为新知识的一部分。

▶▶整体设计观

设计是一种整合，这种整合既表现在科学技术与艺术的系统性、结构性整合的宏观层面上，又表现在技术与科学、设计与装饰整合的微观层面上。

科学技术与艺术的结合是在不断发展的层面上开展和提升的。当代更高层次上的整合，导致了整体设计观的建立与发展，设计师必须关注从产品的科技功能、材料到美学形式和价值的所有方面。如书籍设计，从单一的封面设计、插图设计到版式设计、字体设计发展为包括封面、环衬、版式、插图、字体、纸张、色彩、开本在内的整体设计；工业产品设计更是建立在现代科学技术所提供的材料和生产条件基础上的设计。科学技术既给艺术设计提供了诸多条件，又提出了诸多限制和更多的功能和形式方面的美学要求，实际上是对设计中艺术与科学的整合提出了更高的要求，使二者更有机地结合在一起，通过设计，将科学技术艺术化地物化在产品中。

整体设计是艺术与科学技术进一步整合的产物，其发展又要求艺术与科学技术的进一步整合，在更深的层次上取得统一。如环境艺术设计，从最初的室内设计发展到室内外环境兼顾的设计，包括公共空间环境的设计；从公共空间环境的设计到区域设计进而与城市设计相连；而城市设计已不仅是对城市街道、建筑、绿化等做具体的艺术设计，进行所谓的美的设计与改造，还成为在一个地区乃至整个国家范围内配置空间的艺术，这是一门复杂的艺术，它既包括建筑学、景观设计学这一类的艺术美学因素，又依赖于一定的科学技术，依赖于多学科的综合与配合。当然，艺术的美学因素作为其最重要的因素，是“贮存”于一定的审美形式即艺术形式之中的东西，这不是附加的、可有可无的，它是一个中介和通道，通过艺术的美的形式来唤起、激发人的情感，并使这种情感与城市的存在、与城市社区的发展规划乃至与国家的发展相联系。在这里，作为空间配置的艺术，以艺术的存在深刻地影响着个体，并将个体的情感激发集合形成共鸣，形成实在的公共空间、区域空间乃至城市空间中的交流与沟通。而这一切都应当建立在科学技术的基础之上，建立在艺术与科学在更高层次的整合之中。

艺术与科学的整合具有现代性和革命意义的事件是计算机进入设计领域。自 20 世纪七八十年代起，计算机逐渐成为设计的主要工具，它的广泛应用导致了一场深刻的设计革命。这场革命的价值和意义表现在许多方面，首先，是为大多数设计师所认识到的“工具变换”，即所谓“换笔”，它带来了便捷与高效率。随着各种绘图软件的出现，设计师的设计创意都能通过计算机表现出来，不仅可以表达各种手绘的效果，而且以往手绘所达不到的要求和画面效果也可以轻松地达到。计算机似乎有能力按需要绘制任何形象，无论是整体的还是局部的，侧面的还是横截面的，还为设计所需要的平面图形和立体图形提供了任意转换和并存方式，使复杂设计趋于简单。其次，是在计算机所建构的信息空间中，设计师与设计对象、设计之物与非物质设计、功能性与物质性、表现与再现、真实空间与信息空间的诸多关系发生了变化，即产生了一种全新的关系和设计观念。

信息空间即所谓的“电子空间”，不同于我们生活在其中的真实的环境空间，它是一种虚拟空间，是以数字化方式构成的通过网络、计算机而存在的空间，设计师使用计算机进行设计，实际上是用程序的语言方式在虚拟的信息空间中创建艺术形象、进行设计。与过去设计师使用绘图、绘画工具进行设计，使用物质材料制作模型相比，这种设计是虚拟的、数字化的，即设计师使用数字化的编码程序和指令，创作形象和结构。从表现的意义上看，数字化的虚拟方式是人类的一种新的表达或表现的中介，与人类已有的主要的语言文字符号的中介方式相比，这一中介更高级、更抽象。语言文字符号的中介方式，指称意义对象的关系，是一种现实关系的表述和创造；而数字化方式，以虚拟为中介，“它指向不可能的可能，使不可能的可能在人类历史上第一次成为一种真实性”。有学者将数字化方式的虚拟分为三种形式：一是对实有事物的虚拟，即对象性的虚拟或现实性的虚拟，这是最低级的虚拟，在一定意义上是模拟或与模拟相似，在电子空间中的艺术设计大多数都可以归为这种虚拟；二是对现实超越性的虚拟，即对可能性和可能性空间的虚拟，这是一种较低级的虚拟，它一方面与现实性相关，一方面又超越现实性，即这种虚拟是虚拟现实的各种可能性，为现实中的选择提供更合理的基础，使现实性的进行有更广阔的空间和可选择性、可比性；三是对现实背离的虚拟，即对现实的不可能的虚拟，一种对现实而言是悖论的或荒诞的虚拟。虚拟的意义和价值由此表现得较为充分和彻底。如在现实中不可能对核电站进行真正的核反应堆破坏性爆炸事故试验，但在电子空间中，用数字化的方式则完全能够虚拟这种试验。因此，虚拟的“真正含义是在虚拟空间中形成对于现实性来说不可能的可能性”。

在信息空间中，虚拟具有一定意义上的真实性，即虚拟以自己独有的方式展开了其他未被选择即未能成为现实的可能性，并在虚拟中使其成为虚拟空间的真实，这便大大开拓了人的选择空间。

在信息空间中，艺术设计成为一种具体化的虚拟方式，或者说，艺术设计以数字化的虚拟为中介，创造和构思艺术形象、设计作品。无论是在真实空间还是在信息空间中，艺术设计总是一种形象的创造或表现，在真实空间中，艺术设计师直接描绘形象，在信息空间中，艺术家通过数字化的方式、通过程序来创造形象。同一形象的表达与创造，其中介方式迥然有别，前者直接使用艺术符号，后者使用程序。虽然艺术设计师在使用计算机和程序制作形象、设计作品时并没有意识到信息空间中形象的产生和获得与传统的手工绘制形象有多么大的差别，但实际上在电子空间中创建和生成形象的中介方式——虚拟方式的产生和存在对于人类而言其意义是极为深刻的，它既是人类有史以来的又一次中介方式的革命和生存方式的革命，又是人类艺术设计方式的一次革命。

在 21 世纪，日益发展的科学技术将给我们生存的世界，包括这个世界中的一切，无论是政治、经济、军事、文化还是艺术，带来巨大而深刻的变化。艺术与科学的整合处在一种必然性之中，这种必然性来自艺术与科学两方面发展的内在性要求。在新的世纪，这种整合必然在新的层面上，在前所未有的广阔领域中展开，也必将产生新的创造和形式，具备新的价值和意义。

在设计或者艺术设计中，技术往往占有主导地位，技术是设计的根本属性之一，也是理解设计的关键，因此，从技术学的层面上来把握设计中的技术现象，建构设计的技术学成为设计艺术学的任务之一。技术学是关于技术的学问。

设计中涉及的技术理论问题，是设计技术学的主要内容。技术理论问题包括设计技术概念、设计技术起源、设计技术环境、设计技术规律，乃至对设计技术本质的哲学思考。设计技术学涉及技术学的所有层面，同时又是以设计的技术研究为主体内容的学问。

设计是由各种设计技术构成的，设计技术因设计的对象、分类不同而由不同的技术构成，如工业产品的设计技术不同于平面设计；室内设计的设计技术不同于建筑设计……，但作为制造工程前端的设计，其目的、方法、程序等的相似性又导致设计技术的一致性、普遍性。设计技术不仅与制造技术相联系，而且也与产品的使用技术相联系,物的使用技术因而也成为设计技术的一部分或必须考虑的重要因素之一。因此,将制造、消费纳入设计的全过程来考察,设计所涉及的技术体系结构则更为庞大,关系也更为复杂。从设计任务的确立开始,到市场调查、信息摘取、信息分析、设计表达等环节,都有相应的技术和技术流程,这些技术和技术流程组成了相应的体系;而整个设计技术体系又与制造技术体系互为关系,成为先期的、预设的一个结构;而制造技术体系必然性地成为设计技术体系成果的一种中介,最终构成了设计技术体系、制造技术体系和使用技术体系一体的完整技术体系。

艺术与科学都是人类心智的产物。科学不断发明创新,不断进步,不断否定已有的东西,它以积累为特征,呈显见的上升形态,任何一个有成就的科学家都是在已有的科学成就的基础上进一步开拓的。艺术则以独创性,集中典型地反映当时人类所达到的心智和情感深度,它不是积累型的,而是突变型的,有时则成为“不可企及”的东西,高峰突现,倏然而去,甚至“空前绝后”。二者各有所长,又必然各有其短,只有互补才能更好地服务于人类自身。尤其是在人类生存的高级阶段,需要艺术与科学的携手与整合,这是二者发展的内在要求,又是人类进步、文明发展的必然要求,是艺术与科学二者自觉的产物。

一方面，艺术与科学技术的整合，形成新的艺术存在方式和形式，这种新的艺术存在方式和形式不是一种取代，而是在已有的艺术存在方式和形式之外开拓新的生存空间，涉及新的领域，建构新的艺术存在方式和形式，不仅丰富了原有的艺术存在方式和形式，而且以新方式、新形式的创造使艺术的结构形式发生变化；另一方面，艺术与科学技术的整合永远是一个过程，是二者的相互作用不断发生的过程。因此，新的艺术存在方式和形式将随着时代、时间的延展和科技内容的更新发展而有新的生成，它不仅赋予了艺术在新时代发展的可能性和动力学根基，而且揭示了在艺术与科学技术二者的整合过程中，艺术是多种张力交叉、多种可能性并存，有巨大可变性、发展性的，具有多元化的特征，其多元化的特征使各要素之间的相对独立性和相互作用的结构模式具备一种不确定性，即表现为传统艺术规范的消解和新领域的拓展。

整合意味着两种力的共同作用：一是外在的力，我们将时代科技的发展和人类社会新的需要作为艺术发展的外在因素；二是内在的力，我们把艺术本身内在的需要作为内在的动力，即将适应社会环境的变革和要求作为艺术本质的内在规定性之一，使艺术在与科技的整合中具有一种主动性，即内在的动力学因素。艺术本质上是开放的，不排斥科学技术诸因素的影响和参与，正是这种本质的体现。

设计即整合。艺术与科学技术的整合具有一种必然性，但这种必然性是建立在二者的矛盾性基础上的。这种矛盾，在设计艺术中也同样存在。因此，设计实际上是整合二者的设计，设计的过程是克服和消解二者之间的矛盾，使二者走向统一的过程。

设计艺术的整合，如同艺术与科学一样经历着合、分、合的过程。如前所述，艺术与科学的分野是从 18 世纪后期法国大革命之后开始的，在此之前的相当长的历史时期内，艺术与技术乃至于科学都处在一种混沌一体的状态中。设计也是如此，设计艺术中对艺术与科学技术的整合，其意识也是含糊的、非自觉的。18 世纪工业革命以后，艺术与科学技术的分野，在设计上的反映就是"为生产的生产"，在工业产品的生产中基本上抛弃了艺术，而艺术则走上了"为艺术而艺术"的道路。这是二者矛盾极端化的产物。这种矛盾的消解，是从英国艺术与手工艺术运动开始的，在威廉·莫里斯等人的努力下，通过设计、通过生活所需要的产品生产将艺术与科学技术整合起来，直接导致了现代设计艺术的产生。

从设计发展史上看，这种整合经历了不同的阶段，并处于不同的层面，有成功，也有失败，有完美的统一，也有机械的拼凑。事实说明，设计艺术中艺术与科学技术的整合，不是天生的，而是人努力和追求的结果。设计水平的高低，实际上就是整合能力高低的反映，整合与统一的程度是检验设计水准的尺度。现代设计是科学技术与艺术结合的产物，也是二者结合创造的当代艺术的新形式。

设计以自身的创造性的智慧，将艺术与科学整合在一起，为人类的生活服务。其强大的整合力来自人类的需求，来自人类对于艺术与科学统一的向往与呼唤。为人所用的产品作为设计的产物，也是艺术与科学统合的产物。自人类造物以来，这种艺术与技术乃至与科学的结合就早已本质性地存在了，但从存在方式和形式来看，因科学技术的发展和变革，其存在形态是不一样的，其结合的程度和深刻性也是不一样的。在手工业时代，二者的结合主要是在物质层面和技艺层面上；在机器工业时代，也主要在产品的物质层面和造型层面上；在刚刚开始的信息时代，二者的结合已进入非物质层面、哲学层面。因此，这种统合将更深刻，更具文化意义，也更具挑战性。

设计艺术的目的和存在的价值，内在性地规定了它将以艺术与科学的结合为己任、为手段、为工具来创造为人所用的一切产品，这是设计艺术的价值所在，也是其不同凡响之处。设计艺术的责任、设计艺术的伟大，也正在于它能够克服二者之间的不协调和矛盾，并将二者有机地整合和统一。

整合是事物新生新质和发展的必然之路。整合因具有内外两种因素和力，而不可能失去自我。艺术与科技的整合也是如此，不可能因整合而使科学技术对艺术取而代之或使其失去自我，科学技术只能成为一种变革的动力和变革的方式，并渗入艺术存在的本质之中。艺术与科学技术的整合是 21 世纪艺术发展的大趋势之一。

设计学可以做什么?

设计是有意识的、直觉的努力,去创造有意义的秩序……设计既是秩序内在的基础,又是制造秩序的工具。

——维克多·帕帕内克

▶▶做有素质和能力的设计师

设计作为一种职业活动,意味着一种责任。

设计是在设计师手中完成的。在一定意义上,设计水平的高低取决于设计师水平的高低,取决于设计师素质的高低,取决于设计师对设计是否有负责的态度。衡量一件产品的设计是这样,衡量一个国家的设计也可以是这样,设计师在设计中起着决定性作用。

➡➡"能主之人"

一件设计作品优劣与否取决于两个主要因素:一是设计,二是制造或施工质量。设计与制造、施工均离不开设计师,也就是说起决定性作用的首先是设计师。

中国古代即重视设计和设计师的作用。唐代柳宗元在《梓人传》中曾将设计之道(梓人①之道)比之于宰相的治国之道,梓人杨潜"所职,寻引、规矩、绳墨",即从事梓人的工作,但其不备"砻斫之器","床阙足而不能理",却"善度材,视栋宇之制,高深圆方短长之宜",进行设计,并能指使众工匠施工建设,舍其"众莫能就一宇"。

这种在施工建设中以设计统领全局的设计师在明代计成的《园冶》中被称作"能主之人"。《园冶》是一部谈园林建筑的专著。其开篇即写道:"世之兴造,专主鸠匠,独不闻三分匠、七分主人之谚乎?非主人也,能主之人也。"在建造中,三分匠、七分主人,这七分主人不是指房屋的所有者,不是施工单位之甲方,而是"能主之人",是能"定其间进,量其广狭,随曲合方"的设计师。设计师不一定自己弄斤操斧,但必须"胸有丘壑","能指挥运斤,使顽者巧、滞者通"。设计师在设计和建造过程中的作用是"犹

①梓人,即木工匠人,唐代又称"都料匠"。

须什九，而用匠什一”，所谓“巧于因借，精在体宜”，实际上是设计师必须具备的思想和应追求的目标，是通过工匠的具体劳作而实现的设计蓝图。

在手工业时代，设计师与制作者往往是一体的。在上述建筑一类的设计中，设计师不仅做设计，还是施工现场的指挥者，其设计方案主要通过现场安排布置予以实现，这一特点可以说是整个手工业时代设计和设计师的显著特征之一。从设计的本质和特征看，人类从最早的工具制造开始，设计就本质性地存在了，几乎一切人造物都离不开设计或者说是设计的产物。石器时代的石器工具，新石器时代的彩陶，铁器时代的铁器工具、武器、用具，都凝结着历代设计者和工匠的智慧和心血。在整个手工业时代，产品的设计者与制造者乃至使用者、消费者大都是一体的，尤其是自制自用的手工业生产，如家庭纺织、刺绣、印染、编织、木工等。在商品生产行业如陶瓷器的生产制造中，一部分产品的形制、装饰有设计的粉本，这种粉本有时犹如秘方在工匠中流传，是历代工匠、艺人、设计者经验与智慧积淀的产物。因此，在手工生产模式中，设计往往被模糊化了，设计的过程被制作者的工艺过程取代或同一了，设计师独立存在的必要性也往往被忽视了。但在建筑、园林、环境艺术设计方面，设计存在一个相对独立的过程，设计师因重要性得以突显而受到尊重。如明代紫禁城的设计师蒯祥，永乐十五年（1417）进京时不满二十岁，即担负了北京宫殿、坛庙、诸司、城市等的“营度”之责，永乐十八年（1420）负责紫禁城奉天、华盖、谨身三大殿的设计，三大殿火毁后于正统五年（1440）重建，仍由蒯祥设计，在其五十多年的设计生涯中，参与或主持了当时京城的重要设计，“凡百营造，祥无不与（黄瑜《双槐岁钞·卷八》），被誉为“蒯鲁班”。他具有很高的设计才能，“凡殿阁楼榭，以至回廊曲宇，随手图之，无不称上意者”（皇甫录《皇明纪略》），其“略用尺准度，若不经意，及造成，以置原所，不差毫厘”（《吴县志·卷七十五》）。以至“既老犹自执寻引，指使工作不衰”（焦竑《国朝献徵录》）。清代最负盛名的宫廷设计师是“样式雷”世家，“样式雷”先祖原籍江西南康，明末迁居江苏金陵，从明代起世为营建工匠。清初雷发达（1619—1693）及其堂兄雷发宣，应募到京参与康熙八年（1669）太和殿重建工程，开始定居北京，从事北京宫殿、衙署、庙宇、园林、陵墓等设计工作，至清末共传七世。由于其独特而高超的设计才能，其家族被誉为“样式雷”“样房雷”，并留下了不少设计的草图、精图和烫样。

在设计史上，更多的佳作没有留下设计师的名字。

虽早在春秋战国时即有“物勒工名”的规定，但那也只是为了“以考其诚”，为了责罚和监督。留下名的大多与文人有关，文人一方面参与设计，成了设计专家，一方面又可以用自己的笔，对实践进行总结和描述。他们的设计，自然表现出了一定的阶层意识和文士独有的审美品位。但不可否认的是，其中许多的设计经验、观念和思想是时代和社会的产物，凝聚着工匠艺人的智慧，因而具有民族艺术和设计文化的代表性。

作为设计师，必须具有统领全局、规划筹度、经营安排的本领；必须“胸有丘壑”，甚至能臻“从心不从法”的自由境地。计成、文震亨、李渔这些文人艺术家作为设计师，虽不执斤斧，但知悉工艺，又具有较高的文化素养和审美品位，有经营全局的能力，因而在从事艺术设计时，能够得心应手，游刃有余。设计是一种规划筹度、经营安排的艺术，其成败得失、品格的高下取决于设计师本身的素质。

➡➡现代的“职业技师”

设计师作为一种专门职业，是现代设计的产物。在手工业时代，工匠往往既从事设计又从事制作，设计的过程与制作的过程是一体的、难以区分的。18 世纪的工业革命后，机器成了工业生产中的主力，大批量的产品生产突显了生产前期设计过程的重要性，导致产品生产与设计进一步分离，设计师的重要性也得到了确认。但设计师作为独立的职业直到20世纪二三十年代才开始出现。

设计师的职业化是在设计成为一种专业或专门的行业之后才出现的。1919年，美国人西奈尔开设了自己的职业设计事务所，并首次使用了“工业设计”一词。从此，“工业设计”这一专门标指具体设计门类的词汇广为流传和被社会所接受，实际上，这一行业在社会各行各业中被设计师有意识地确立起来、发展起来。有了独立运作的行业，自然就有了独立行使设计职能的职业化的设计师。当时从事“工业设计”的职业设计师大致上有两种类型：一类是驻厂设计师，他们受雇于企业、工厂，在这些企业的设计室或机构从事专门的设计职业；另一类是所谓的“自由设计师”，这些设计师成立设计公司或设计事务所，接受企业的委托从事各种设计工作，包括产品、广告、展示甚至舞台设计的各方面，为社会提供多种设计服务，成为不可忽视的设计力量。

职业设计师的出现，标志着设计已进入了一个职业化、专门化的新阶段，在美国如此，在欧洲国家也是如此。德国是现代设计的发源地之一，职业设计师在20世纪二三十年代的设计中发挥了重要作用，如曾任教于包豪斯设计学院的华根菲尔德，一直接受企业委托进行家具、灯具、陶瓷、玻璃等产品的设计，其简洁的造型驰誉国际设计界。在现代设计史上，许多设计师出身于建筑界，在从事建筑设计的同时，涉足产品设计的诸多领域而且深具影响，如美国建筑师沙里宁、罗夫·雷普森，芬兰建筑设计大师阿尔托等。

设计师职业的自由性和独立的设计事务所，以及拥有大量驻厂设计师的设计部门，为设计师的创造提供了十分优越的条件，而设计师的独特创造又为设计的发展做出了重要贡献，二者是相互作用的。因此，一个国家设计的发展与职业设计师的形成和设计机构的设立是密切相关的。

中国在20世纪二三十年代后，逐渐产生了一些职业设计师，除一些企业的设计部门所拥有的设计师外，还有一批自由设计师，有自己的公司或设计事务所，承揽社会的设计任务，其设计范畴主要是广告。如商务印书馆、信谊制药厂、英美烟草公司、南洋烟草公司、华成烟草公司等成立广告设计部门，专门绘制“月份牌”广告。这一时期的职业设计师有一个显著特点，即都游业于绘画艺术与设计之间，其设计具有很强的绘画性。如“月份牌”广告的设计，主要形象是擦笔肖像画法的时装美女人物。当时这类设计师有周慕桥、郑曼陀、杭稺英等人。

1925 年留学法国叙利思绘画研究所的庞薰琹，1928 年曾考察法国的设计，1930 年回国后即在上海创办了称作“工商美术社”的设计事务所，从事广告、包装、书籍装帧等的设计工作，并举办了中国有史以来第一次工商美术设计展览，向社会推介设计。张光宇可以说是中国早期职业设计师的代表，他 1914 年（14 岁时）从家乡无锡到上海随画家张聿光学画，1921 年至 1925 年任南洋烟草公司的专职设计师，其后一直从事印刷、包装等设计工作以及漫画和装饰画的创作，对中国 20 世纪的商业美术设计和装饰艺术设计有着重要影响。

20 世纪 50 年代以后，随着国家经济建设的发展，职业设计师主要是“驻厂设计师”类型的。改革开放后，自由设计师大量出现，尤以从事广告和室内设计的为多，而产品设计的自由设计师数量极少，如深圳蜻蜓设计公司、广州雷鸟设计事务所等。职业设计师的数量取决于社会对设计的需求，20 世纪 80 年代至今，中国设计师从事的设计仍然以广告、包装等平面设计和室内设计为主。这也反映了中国设计发展的不平衡，但无论如何，职业设计师的社会地位已经确立起来了，自由设计师的队伍正在不断扩大，这些必然为中国21世纪设计的发展打下良好的基础。

➡➡创造者和战略家

设计是一种创造性工作，设计即创造，设计师即创造者。创造，是开创前所未有的事物，是赋予事物一种新的存在形式和方式。创造是人类生活的本质特征之一，是人类理想的一种追求，随着人类文明的发展，它已成为人类的一种生活形式，生活即创造。

创造，是设计师的"天职"和本职，设计师是天生的创造者，是永不停息的创造者。人类具有一种思索、探求和永不满足的天性，这种永不满足的思索和探求，在一定意义上就是创造的前奏，本质上就是一种创造。

从打制石器工具开始，人类事实上已整体性地成为创造者，创造工具、创造文化、创造富有意义的生活，创造想创造的一切。从人的个体而言，每个人都从事着不同程度的创造，解决着生产、生活中遇到的各种问题。人类的生活、生产实践告诉我们，创造是随时随地发生的，每个人都充当着创造者的角色，人类是在创造中发展和前进的。因此，从创造的角度看，人类的历史就是一部创造的历史。

随着人类的进步，分工越来越细，工作日益精专，所需的创造技能也各不相同。专业化的分工是不同创造性的分工：有的分工是从事一种重复性工作，有的分工是从事一种探索性工作，前者事实上将创造性的努力赋予了后者，后者的探索性工作承担的是创造性的职责，是社会所赋予的特殊职责和权利。设计师、科学家、学者都是承担创造性职责的人，也是社会赋予特殊职责和权利的人。设计的职业化，实际上是创造性职责的职业化，社会的分工和发展、设计师独有的创造性才能是设计职业化的保证。

可以说，是社会将“创造”以职业的方式赋予了“设计师”，给予了设计师代社会和其他大众进行创造性工作——设计——的权利和义务，设计师是创造者，是由社会发展所规定的职业创造者。

设计又是一种战略，从一个标志的设计到大的系统设计、空间设计乃至城市、国家的设计，从本质上说，它就是战略性的；从策划开始到具体实施，每一步都需要有战略性，策划实际上就是一种战略，设计即战略。在这一意义上，设计师就是战略家。唐代文学大家柳宗元将设计师比作治国之“相”，认为设计之道（梓人之道）“类于相”。实际上，他揭示了设计的战略性本质、设计师的战略家地位。

设计本身就是战略，设计的每一环节都需要有战略性，这两种战略都来自设计师。设计师只有把自己自觉地置于战略家的地位，从战略的高度把握设计，才能充分发挥设计的主动性。

➡➡综合素质与能力

设计的素质在一定意义上是设计师的素质。设计作为设计师综合素质的结晶，它是人文素质、艺术素质、科技素质、道德素质乃至身体素质与心理素质的综合体现。设计又是设计师能力的反映，物化着设计师对于艺术、美的事物的感受和欣赏的能力，设计创意能力，创新思维能力，设计的组织、协调、沟通、管理能力，以及设计表达等诸多方面的能力。

人文素质

所谓人文素质即人文的精神素质和知识素质，人文知识是指人文科学方面的知识。20 世纪前期，知识界曾将科学分为自然科学和社会科学两大类。20 世纪后期，则倾向于将原先的社会科学分为人文科学和社会科学两部分。一般而言，社会科学包括经济学、政治学、法学、社会学、心理学等；人文科学包括语言学、文学、历史学、哲学、考古学、艺术学等。也就是说，人文科学的基础学科以文、史、哲为主。

✣✣艺术素质与能力

艺术素质作为专业素质是设计师综合素质的一个重要方面。所谓艺术素质，应是艺术知识、技能、修养的综合表现。一般而言，它包含艺术感受能力、创意能力与表达能力等方面。

作为一个从事艺术设计的设计师，必须有一双“艺术”的眼睛，即有良好的艺术感受能力和审美欣赏能力。艺术欣赏是基于艺术感受能力的，艺术感受能力的高低、强弱是不同设计师设计有差距的重要原因。一个人的艺术感受能力，也许有先天的因素，但后天的培养与训练，特别是设计师自身有意识地养成与追求起重要作用。作为先天的因素，它可能与个人对事物的反应速度和深刻度有关，但一般说来，这种类似于智商的感受力、判断力在人与人之间并不存在多大的差距，而根本在于后天的养成与训练。后天的养成与训练，大致有两种途径：一是专业院校的培养，二是社会教育和自我学习。任何一种途径都不是唯一的，经过专业院校培养和训练的人毕业后仍需要在社会教育和自我学习过程中加以提高，而没有机会进入专业院校学习的人在社会教育和自我学习过程中仍可以参照专业院校的学习方式进行专业学习和训练。无论哪一种途径，其目的是训练自己的艺术感受能力、创意能力与表达能力。

①艺术感受能力

艺术感受能力，即审美能力，是一种技能，是一种需要训练和培养的技能。

这也是一种认知能力，一种审美的艺术认知能力。与这种艺术认知能力相应的是所谓的“程序性知识”，即对于规则和方法的了解和把握。欣赏艺术作品时，如何去欣赏——这就涉及基本的程序性知识和操作方法。从人的欣赏水平和能力而言，它往往是随着人生的成长进程而发展和积淀的，人在自己的成长和学习过程中，不断提高自己的艺术欣赏能力和感悟能力。

从事艺术设计工作的设计师，经过专业的设计艺术教育与训练，在审美感受能力方面应当进入高层次范围，即审美感觉更敏锐、更深刻、更全面、更高远，这实际上又是一个“视界”的问题，良好的、独特的艺术感受能力是“设计大视界”的基础。

艺术设计的学习和训练不仅仅是一种技巧的学习和

训练，它更是审美视界（也是设计视界）的开拓和训练。杰出的设计，无不建立在宏大的视野和独特的审美感受基础上。独特的艺术感受能力形成了设计师独有的视界，它不同于一般人对事物的感受，它是设计师看世界的角度、评价事物的依据，也是其从事设计的出发点。一个设计师设计得好坏，不在于其如何从事设计，而在于其审美感受能力高低，在于其如何观看、如何思想。

②创意能力与表达能力

设计的职业化不仅标志着社会赋予设计师创意的职责和权利，还突显了设计师的创意能力和表达能力，与一般人相比，这种创意能力和表达能力具有设计师的个性色彩，是在一般人所具有的创造力的共性基础上生成的个性化能力，即设计师既具有一般人所共有的创造力，又具有职业化、个性化的能力。

从共性来看，每个人都具有创意能力。创意能力是设计师的基本能力之一，创意是基于设计任务和主题的创造性构思，是一种独特的对于问题的解决方案或设想。有非凡的创意就有非凡的设计，创意是设计的同义词。创意能力是一种构想能力，是一种针对问题而提出解决方案的能力。

✣✣科学技术素质

设计艺术是科学技术与艺术整合、统一的产物，这就要求设计师具有良好的科学技术素质。科学技术素质基本上包括两方面：一是科学精神、观念、思想以及科学的方法和态度；二是科学技术的具体知识和技能。科学需要这种精神，艺术设计也需要这种精神。在艺术设计的过程中，科学精神应该是一种内在的根本精神、一种设计态度。以科学的态度作为设计的态度，对于艺术设计师而言，是其科学技术素质所必需的。

✣✣道德素质

设计师的道德素质是一种职业道德素质。设计师是用艺术设计的创造性方法为大众、为社会服务的职业。从道德意识而言，为大众、为社会服务是设计师基本的职业道德意识，也应成为设计师的道德理想和内心信念，只有将自己的设计置于这一理想和信念之中，才能设计出为大众、为社会所欢迎的作品，才能在自己的设计探索甚至整个设计生涯中，无论个人利益是否受损，无论其探索如何艰苦，都始终具有前行的力量。设计师需要一种超越性的道德理想，其本身从事着美的创造性工作、服务性工作，这工作的性质本身就是美的、道德的、理想型的，设计师的道德理想与设计的目标是一致的，即设计师对道德理想的实践与设计目标的实现具有相当的一致性，这种一致性对设计师的职业道德提出了更高的要求。

服务于社会的设计师，其道德选择，首先是职业的道德选择，也即为社会、为大众奉献创造心智的选择。为此，自觉地树立正确的设计观、人生观和道德观，加强全面的道德修养，对于设计师自身的成长和发展是非常重要的。有成就的设计师，尤其是设计大师，其在道德修养方面都是有所建树的。道德素质又是一种道德境界，设计的境界可以说是一种道德的境界，反之，没有高尚的道德境界也就不会有崇高的设计境界。

▶▶做有责任和有理想的设计师

➡➡设计师的社会意识

设计从本质上说是一种社会性工作，设计师是为社会、为大众从事设计的。纯艺术家可以自由地标榜自己的艺术是“为个人表现的艺术”，而设计师则丝毫没有这样的自由和可能去标榜自己的设计是“为个人表现的设计”，因为设计是为大众服务的。设计师从事设计不是为了个人的艺术表现，而是为了用户、为了产品，最终是为了使用这种产品或服务的大众，这是社会赋予的规定性，是设计本质所决定的，也是设计师的职业所内在化的一种本质规定性。因此，设计师的设计职业，其本质内涵就决定了设计师所具备的社会意识和责任，这种社会意识实际上是一种服务意识、奉献意识和协作意识。

关于服务意识，设计师从事任何设计，无论是产品设计，还是服务方式的设计、软件等的非物质设计、广告设计、视觉传达设计等，其所面对的都不是自己，而是大众，是产品用户、广告或设计的受众和服务的对象。服务意识，要求设计师具有一种内在的、自觉的服务精神、品格和态度，在设计中一切为用户着想，为大众服务，这是设计的立足点，也是设计师必须具备的基本素质之一。服务意识，也是一种职业道德意识，作为一名为大众服务的设计师，如果选择了这一职业，实际上就是选择了服务，选择了奉献，而不是选择了其他。设计，是一个为大众服务和奉献的职业，服务和奉献应当成为根本的必须遵循的职业道德。一名优秀的职业设计师，应当是具备服务精神和奉献品格的人。

奉献意识与服务意识密切相关，服务是奉献的基础，奉献是服务意识的上升形态。奉献不是不要报酬或不考虑报酬，也不仅与报酬相关，关键是不计报酬、不囿于报酬、不为报酬所限的那种服务和奉献的精神和道德品质。奉献不是一句口号，而是一种在具体的设计行为中所体现出来的精神和道德品质；是物化的全心全意为大众的设计理念。对于设计师来说，奉献既是一种精神、一种工作态度，又是一种十分具体的行为，它既表现在具体的设计作品之中，又贯穿在设计的过程之中，贯穿在设计师一生的设计实践与理想追求之中。奉献意识既是理想的又是现实的，既是精神的又是物化的，但绝不是虚幻的。

协同意识，又可以称作协作意识，这也是设计本质的一种内在规定性。在当代大工业生产的背景下，分工越来越细、越来越专业化，因此，也就越来越需要协同与协作。设计与纯艺术的个人创作不同，它往往是多学科、多工种、多系统协同协作的产物，设计师必须具有协同协作的意识和观念，并将其作为内在的品质之一，自觉地在设计全过程中体现出来。现代设计越来越呈现学科交叉、多学科、多专业协同的趋势，艺术设计师只是整个设计工作的一部分，相对于整个设计系统而言，以造型设计为主要任务的艺术设计并不具有突出于其他设计的所谓“优越性”，而只能以整个体系的一部分自觉地服务于整体，自觉地与工程设计师和其他方面协同与协作。

随着现代科技的发展，以产品设计为主的各类设计的复杂性越来越高，现代科学技术发展迅速，要求各学科之间的协同性也越来越高，因而，协同能力和协作精神已成为设计成功的重要因素，也应成为设计师自身优良素质的一个重要方面。这就要求设计师自觉地培养协作精神。

➡➡设计师的职责

设计师的职责源自各方的要求和期待。对社会而言，它要求设计师从社会大众的利益出发，为大众设计。对驻厂设计师所在的企业而言，它可能要求设计师从本企业的产品战略、服务对象和发展前景出发，以服务于企业为其主要职责。对设计师个人而言，由于所处地位、岗位以及经历、思想境界等方面的差异，而有各自所体认的职责：有的以服务于大众，创造无愧于时代、无愧于大众的优秀作品为追求，为根本职责，自觉地将大众的需求物化到自己的设计之中，以大众的需要为自己本身的需要，可以不计报酬、不计名利，以奉献的精神对待设计和大众；有的以设计产品的完善程度为尺度，以创造优良产品和优良设计为目的。不管从什么角度出发，作为设计师，为大众是其设计活动的根本出发点。所谓“为人的设计”，根本上也即为大众的设计。

对具体的设计而言，设计师创造优良的、符合社会和大众需要的产品，是其职责所在。好的、优秀的设计是真、善、美统一的设计。真、善、美作为一种共性的要求，在每个时代都有不同的体现和内涵。真，在设计上表现为设计功能、结构的合理性和合目的性，它真实、朴实地体现着设计的根本目的，它可以体现为对材料的合理使用，经济、节约、最大限度地利用材料和发挥材料本身的性能；在当代，还要考虑自然与生态的关系，不仅从自己所设计的产品和服务出发，从设计的使用和服务对象出发（所谓的“以人为本”），还要从自然与生态的关系出发，从可持续发展的人类共同愿望出发；自觉地将具体设计的每一环节与此相联系，寻找最佳设计方案，达到真、善、美意义上“真”的境界。善，既是一种合目的性、合理性，又是一种符合人类长远发展目标，完美地服务于人类思想的体现。善，是优良的同义词，优良设计可以说是善的设计，但每个时代对“优良设计”都有相应的标准和原则，在当代设计中，保障功能和服务目的的实现在技术和物质条件上已没有什么障碍，其方式和结构也有多种选择，在这种状况下所提倡的“优良设计”，不仅基于功能的合理性，还基于人伦道德之“善”，即更多地从细微之处体现对人的关心和呵护。如现代设计中对残疾人和老年人用品、居住环境的设计所体现的那样，其设计的衡量标准已不仅是实用与审美的问题，而是超越其上进入伦理境界的问题。其实，这种设计中所遭遇的伦理境界是所有设计都或多或少会遇到的问题。“为人的设计”，在最浅的层面上是实用功能的问题，在最深刻的层面上是一个伦理道德境界的问题。这一问题几乎在每一项设计中都可以遇到，不过有的是显性的，有的是隐性的：为老年人和残疾人的设计，其关怀程度、伦理道德程度是显性的；而为一般人的设计，其伦理道德程度很可能是隐性的。这更要求设计师从人类伦理境界的高度自觉地融入设计中去，并作为一种内在性的追求。这种“隐性”，实际上有两方面的含义：一是社会并未将这种伦理道德境界作为设计明确的要求而提到准则的层面上；二是在产品或设计中其表现往往是内在的、不显著的，但又能在其存在中、在使用过程中使人感受到。

于设计而言，“真”和“善”都是一种美，中国古人认为美与善相通、相乐，即真和善都是美的一种存在形态，在这一意义上，真和善本身就是一种美。在设计上，形式之美与结构和功能有着直接的关系，因为形式是合理功能自然体现的形式，因而，真、善自然与美是相通相联系的。在另一层面上，作为艺术设计，其重要任务是创造美的形式，同样的功能和结构，可以有不同的表现形式，这里对形式的选择和创造就具有决定性意义，这也是艺术设计的重要性所在。设计的形式创造是美的创造，虽然每一个时代都有美的标准和时尚，其标准和时尚是变化的，但它总是受这一时代的人所欢迎，为其所接受，因此，美的创造应是设计师从事设计的目标之一。从真、善、美的关系而言，形式美的创造不单是一个形式的美观问题，在存在和为人的意义上，它最终仍是一个伦理、道德境界和哲学境界的问题。设计师作为美的创造者和美的使者，应当以真、善、美的创造作为自己的根本职责。

结　语

我是一个长期从事艺术设计研究与教学的教师，曾出版了一系列与艺术设计历史及理论相关的著作，如《工艺美术概论》(1991)、《装饰之道》(1993)、《造物之美》(2000)、《艺术设计概论》(2002)、《设计之维》(2007)等。应大连理工大学出版社邀请，编写一本《什么是设计学?》的普及型读本，主要面向尚未进入设计专业学习的学生，目的是普及艺术设计历史及其理论的基本知识。这本小册子由朱怡芳博士在我原先出版的《艺术设计概论》(近30万字)的基础上，做了改编缩减，形成一个9万多字的艺术设计史论的简易读本。

作为人类生活和文明成果的"设计"，反映和代表着国家和民族的物质文明和精神文明的高度；设计，既与生产相关，又与生活相应；既与设计师相关，也与我们每个人相连。因此，无论是设计的历史还是设计的理论（包括设计学），都有一个涉及面宽广的知识体系，既包蕴千古，又导向未来，这本小书自然无法做到面面俱到，书中不足之处多多，作为“设计学”的一个入门指引，希望它能够为读者了解设计及其理论知识起到一些作用，也希望读者提出批评意见，以期改正和提高。

李砚祖

2022 年 9 月

主要参考文献

[1] 皮亚杰. 人文科学认识论[M]. 郑文彬,译. 北京:中央编译出版社,1999.

[2] 史密斯. 艺术感觉与美育[M]. 滕守尧,译. 成都:四川人民出版社,2000.

[3] 阿瑞提 S. 创造的秘密[M]. 钱岗南,译. 沈阳:辽宁人民出版社,1987.

[4] 钱学森. 关于思维科学[M]. 上海:上海人民出版社,1986.

[5] 佩夫斯纳. 现代设计的先驱者——从威廉·莫里斯到格罗皮乌斯[M]. 王申祜,译. 北京:中国建筑工业出版社,1987.

[6] 沃尔夫. 从包豪斯到现在[M]. 关肇邺,译. 北京:清华大学出版社,1984.

[7] 肯尼迪.学术责任[M].阎凤桥,等译.北京:新华出版社,2002.

[8] 布洛克.西方人文主义传统[M].董乐山,译.北京:生活·读书·新知三联书店,1997.

[9] 西蒙.人工科学[M].武夷山,译.北京:商务印书馆,1987.

[10] 第亚尼.非物质社会——后工业世界的设计、文化与技术[M].滕守尧,译.成都:四川人民出版社,1998.

[11] 戚昌滋.现代广义设计科学方法学[M].北京:中国建筑工业出版社,1987.

[12] 吴良镛.人居环境科学导论[M].北京:中国建筑工业出版社,2001.

[13] 张道一.工业设计全书[M].南京:江苏科学技术出版社,1994.

[14] 王家树.中国工艺美术史[M].北京:文化艺术出版社,1994.

[15] 何人可.工业设计史(修订版)[M].北京:北京理工大学出版社,2000.

[16] 柳冠中.工业设计概论[M].北京:中国科学技术出版社,1994.

[17] 李砚祖. 造物之美——产品设计的艺术与文化[M]. 北京:中国人民大学出版社,2000.

[18] 李砚祖. 装饰之道[M]. 北京:中国人民大学出版社,1993.

[19] 徐醇恒. 生态美学[M]. 西安:陕西人民教育出版社,2000.

[20] 余谋昌. 生态哲学[M]. 西安:陕西人民教育出版社,2000.

[21] 朱祖祥. 人类工效学[M]. 杭州:浙江教育出版社,1994.

[22]《技术美学与工业设计丛刊》编委会. 技术美学与工业设计[M]. 天津:南开大学出版社,1986.

[23] 凌继尧,徐恒醇. 艺术设计学[M]. 上海:上海人民出版社,2000.

[24] 赵江洪. 设计艺术的含义[M]. 长沙:湖南大学出版社,1999.

[25] 吉川弘之. 日本制造——日本制造业变革的方针[M]. 王慧炯,李善同,林家彬,等译. 上海:上海远东出版社,1998.

[26] 高丙中. 现代化与民族生活方式的变迁[M]. 天津:天津人民出版社,1997.

[27] 柏塞尔. 简明不列颠百科全书:第七卷[M]. 北京:中国大百科全书出版社,1986:116.

[28] 李砚祖. 创造精致[M]. 北京:中国发展出版社,2001.

[29] 尼葛洛庞帝. 数字化生存[M]. 胡泳,等译. 海口:海南出版社,1896.

“走进大学”丛书书目

什么是地质？	殷长春	吉林大学地球探测科学与技术学院教授（作序）
	曾　勇	中国矿业大学资源与地球科学学院教授 首届国家级普通高校教学名师
	刘志新	中国矿业大学资源与地球科学学院副院长、教授
什么是物理学？	孙　平	山东师范大学物理与电子科学学院教授
	李　健	山东师范大学物理与电子科学学院教授
什么是化学？	陶胜洋	大连理工大学化工学院副院长、教授
	王玉超	大连理工大学化工学院副教授
	张利静	大连理工大学化工学院副教授
什么是数学？	梁　进	同济大学数学科学学院教授
什么是大气科学？	黄建平	中国科学院院士 国家杰出青年基金获得者
	刘玉芝	兰州大学大气科学学院教授
	张国龙	兰州大学西部生态安全协同创新中心工程师
什么是生物科学？	赵　帅	广西大学亚热带农业生物资源保护与利用国家重点实验室副研究员
	赵心清	上海交通大学微生物代谢国家重点实验室教授
	冯家勋	广西大学亚热带农业生物资源保护与利用国家重点实验室二级教授
什么是地理学？	段玉山	华东师范大学地理科学学院教授
	张佳琦	华东师范大学地理科学学院讲师
什么是机械？	邓宗全	中国工程院院士 哈尔滨工业大学机电工程学院教授（作序）
	王德伦	大连理工大学机械工程学院教授 全国机械原理教学研究会理事长
什么是材料？	赵　杰	大连理工大学材料科学与工程学院教授

什么是自动化？ 王　伟　大连理工大学控制科学与工程学院教授
国家杰出青年科学基金获得者（主审）
王宏伟　大连理工大学控制科学与工程学院教授
王　东　大连理工大学控制科学与工程学院教授
夏　浩　大连理工大学控制科学与工程学院院长、教授

什么是计算机？ 嵩　天　北京理工大学网络空间安全学院副院长、教授

什么是土木工程？
李宏男　大连理工大学土木工程学院教授
国家杰出青年科学基金获得者

什么是水利？ 张　弛　大连理工大学建设工程学部部长、教授
国家杰出青年科学基金获得者

什么是化学工程？
贺高红　大连理工大学化工学院教授
国家杰出青年科学基金获得者
李祥村　大连理工大学化工学院副教授

什么是矿业？ 万志军　中国矿业大学矿业工程学院副院长、教授
入选教育部“新世纪优秀人才支持计划”

什么是纺织？ 伏广伟　中国纺织工程学会理事长（作序）
郑来久　大连工业大学纺织与材料工程学院二级教授

什么是轻工？ 石　碧　中国工程院院士
四川大学轻纺与食品学院教授（作序）
平清伟　大连工业大学轻工与化学工程学院教授

什么是海洋工程？
柳淑学　大连理工大学水利工程学院研究员
入选教育部“新世纪优秀人才支持计划”
李金宣　大连理工大学水利工程学院副教授

什么是航空航天？
万志强　北京航空航天大学航空科学与工程学院副院长、教授
杨　超　北京航空航天大学航空科学与工程学院教授
入选教育部“新世纪优秀人才支持计划”

什么是生物医学工程？
万遂人　东南大学生物科学与医学工程学院教授
中国生物医学工程学会副理事长（作序）
邱天爽　大连理工大学生物医学工程学院教授
刘　蓉　大连理工大学生物医学工程学院副教授
齐莉萍　大连理工大学生物医学工程学院副教授

什么是食品科学与工程？		
	朱蓓薇	中国工程院院士 大连工业大学食品学院教授
什么是建筑？	**齐　康**	中国科学院院士 东南大学建筑研究所所长、教授（作序）
	唐　建	大连理工大学建筑与艺术学院院长、教授
什么是生物工程？	**贾凌云**	大连理工大学生物工程学院院长、教授 入选教育部"新世纪优秀人才支持计划"
	袁文杰	大连理工大学生物工程学院副院长、副教授
什么是哲学？	**林德宏**	南京大学哲学系教授 南京大学人文社会科学荣誉资深教授
	刘　鹏	南京大学哲学系副主任、副教授
什么是经济学？	**原毅军**	大连理工大学经济管理学院教授
什么是社会学？	**张建明**	中国人民大学党委原常务副书记、教授（作序）
	陈劲松	中国人民大学社会与人口学院教授
	仲婧然	中国人民大学社会与人口学院博士研究生
	陈含章	中国人民大学社会与人口学院硕士研究生
什么是民族学？	**南文渊**	大连民族大学东北少数民族研究院教授
什么是公安学？	**靳高风**	中国人民公安大学犯罪学学院院长、教授
	李姝音	中国人民公安大学犯罪学学院副教授
什么是法学？	**陈柏峰**	中南财经政法大学法学院院长、教授 第九届"全国杰出青年法学家"
什么是教育学？	**孙阳春**	大连理工大学高等教育研究院教授
	林　杰	大连理工大学高等教育研究院副教授
什么是体育学？	**于素梅**	中国教育科学研究院体卫艺教育研究所副所长、研究员
	王昌友	怀化学院体育与健康学院副教授
什么是心理学？	**李　焰**	清华大学学生心理发展指导中心主任、教授（主审）
	于　晶	曾任辽宁师范大学教育学院教授
什么是中国语言文学？		
	赵小琪	广东培正学院人文学院特聘教授 武汉大学文学院教授
	谭元亨	华南理工大学新闻与传播学院二级教授
什么是历史学？	**张耕华**	华东师范大学历史学系教授
什么是林学？	**张凌云**	北京林业大学林学院教授
	张新娜	北京林业大学林学院副教授

什么是动物医学？陈启军　沈阳农业大学校长、教授
国家杰出青年科学基金获得者
"新世纪百千万人才工程"国家级人选
高维凡　曾任沈阳农业大学动物科学与医学学院副教授
吴长德　沈阳农业大学动物科学与医学学院教授
姜　宁　沈阳农业大学动物科学与医学学院教授

什么是农学？　陈温福　中国工程院院士
沈阳农业大学农学院教授(主审)
于海秋　沈阳农业大学农学院院长、教授
周宇飞　沈阳农业大学农学院副教授
徐正进　沈阳农业大学农学院教授

什么是医学？　任守双　哈尔滨医科大学马克思主义学院教授

什么是中医学？贾春华　北京中医药大学中医学院教授
李　湛　北京中医药大学岐黄国医班(九年制)博士研究生

什么是公共卫生与预防医学？
刘剑君　中国疾病预防控制中心副主任、研究生院执行院长
刘　珏　北京大学公共卫生学院研究员
么鸿雁　中国疾病预防控制中心研究员
张　晖　全国科学技术名词审定委员会事务中心副主任

什么是药学？　尤启冬　中国药科大学药学院教授
郭小可　中国药科大学药学院副教授

什么是护理学？姜安丽　海军军医大学护理学院教授
周兰姝　海军军医大学护理学院教授
刘　霖　海军军医大学护理学院副教授

什么是管理学？齐丽云　大连理工大学经济管理学院副教授
汪克夷　大连理工大学经济管理学院教授

什么是图书情报与档案管理？
李　刚　南京大学信息管理学院教授

什么是电子商务？李　琪　西安交通大学经济与金融学院二级教授
彭丽芳　厦门大学管理学院教授

什么是工业工程？郑　力　清华大学副校长、教授(作序)
周德群　南京航空航天大学经济与管理学院院长、二级教授
欧阳林寒　南京航空航天大学经济与管理学院研究员

什么是艺术学？梁　玖　北京师范大学艺术与传媒学院教授

什么是戏剧与影视学？
梁振华　北京师范大学文学院教授、影视编剧、制片人

什么是设计学？李砚祖　清华大学美术学院教授
朱怡芳　中国艺术研究院副研究员